AF310769

ESSAI DE CATALOGUE DESCRIPTIF

DES

EX-LIBRIS

ET

FERS DE RELIURE FRANÇAIS

ANONYMES ET NON HÉRALDIQUES

PAR

J.-C. WIGGISHOFF

PARIS

LIBRAIRIE HENRI LECLERC

219, Rue Saint-Honoré, 219

—

1904

ESSAI DE CATALOGUE DESCRIPTIF

DES EX-LIBRIS

ET FERS DE RELIURE FRANÇAIS

ANONYMES ET NON HÉRALDIQUES

EX-LIBRIS

ET

FERS DE RELIURE FRANÇAIS

ANONYMES

ORSQU'UN collectionneur a mis la main sur un *Ex-libris anonyme* son premier soin, nous allions dire son premier souci, est de rechercher le nom de son propriétaire primitif. Qu'est-ce en effet qu'un Ex-libris dont le nom, dont la personnalité du possesseur restent inconnus?... Ce n'est plus qu'une vignette n'offrant d'autre valeur que celle de son exécution matérielle si elle en a, et si elle n'en a point ce n'est plus qu'une image quelconque sans intérêt. Quand dans la composition d'un Ex-libris anonyme se trouvent des armoiries, les meubles de celles-ci aidant, nos confrères versés dans la science du blason arrivent, et quelquefois non sans peine, à en trouver la provenance ; mais pour un Ex-libris *non héraldique* le problème est encore plus ardu ; là, rien pour ouvrir la voie, rien pour amorcer la recherche : pour arriver à le résoudre, on ne peut plus compter que : 1° sur des indications plus ou moins fortuites, comme des Ex-dono, dédicaces, notes manuscrites, ou autres inscriptions mises dans les livres ; 2° sur des renseignements fournis de mémoire par quelque libraire complaisant et érudit ; 3° enfin sur des attributions plus ou moins précises, éparses dans quelques collections anciennes. Remonter à ces différentes sources nécessite des démarches, des investigations assez longues, devant lesquelles recule plus d'un amateur. C'est pénétré de cette idée, et tenté par cette espèce de chasse au document imprévu, autant que par le plaisir de faciliter les recherches à nos confrères, que nous avons, il y a déjà longtemps, conçu le plan et commencé à recueillir les éléments d'un catalogue des Ex-libris anonymes

FRANÇAIS NON HÉRALDIQUES, à l'aide duquel on pût trouver assez rapidement la provenance d'une pièce anonyme.

Personne mieux que moi ne sait combien ce travail est incomplet; mais tel qu'il est, il pourra néanmoins rendre quelque service aux amateurs d'Ex-libris qui regrettent souvent de posséder un trop grand nombre de pièces privées d'identification.

MM. le comte de Bizemont, Dr Bouland, P. de Crauzat, de Vismes, P. Dor, Ed. Engelmann, comte de Mahuet, feu L. Mar, Maignien, H. Masson, L. Quantin, comte de Régis, Salleron, de Sartorio, M. Tourneux, et ceux que je m'excuse d'oublier, ont bien voulu me fournir des renseignements, ou m'ouvrir leurs portefeuilles, je leur en adresse ici mes bien vifs remerciements.

J'ai écarté quelques pièces dont l'attribution me paraissait douteuse, il en restera peut-être encore dans ce cas, pour lequel, je l'espère, on voudra bien être indulgent.

On cherchera d'abord dans la table alphabétique, la légende ou devise; à son défaut, le monogramme ou chiffre, en ayant soin, au préalable, de le DÉCOMPOSER ET D'EN RÉTABLIR L'ORDRE ALPHABÉTIQUE. *A défaut de légende ou de chiffre, on cherchera le nom du graveur, et, s'il n'existe pas, en fin de compte l'objet principal du sujet.*

Les fers de reliure, dont bien souvent la description n'a pas été faite « de visu », mais sur des reproductions de L'ARMORIAL DU BIBLIOPHILE, *de Guigard, des Anciennes bibliothèques, de A. Franklin, ou d'autres ouvrages de bibliographie, ne portent pas de mesures, qui auraient risqué d'être inexactes.*

※ ✻ ※

ABEILLE, avocat au Parlement de Bretagne, xviiie siècle. — Une abeille. (Fer à dorer.)

ADVIELLE (Victor), homme de lettres, à Paris. † 1904. — Un cœur et une plume d'oie entourés des mots : *Guide-moi toujours.* (Fer de reliure.)

ALBRET (Diane-Françoise d'), abbesse de Sainte-Croix de Poitiers. — Monogramme D. D. F. entre deux palmes et sommé d'une couronne ducale de laquelle sort une crosse. xviie siècle. (Fer de reliure.)

ALEXANDRE (Barthélemy), recteur de l'Université de Reims. † 1584. — Lettres B. A. séparées par une tige d'arbuste surmontée d'une couronne fleurdelysée. (Jadart, *Les bibliophiles rémois.*)

AMELOT DE CHAILLOU (J.-J.), intendant des finances, xviiie siècle. — Monogramme A. C. C. I. sommé d'une couronne ducale. (Fer de reliure.)

ANCELET (Émile), professeur de dessin à Saint-Quentin. — Un cartouche renfermant les attributs du dessin et sur lequel sont assis deux amours tenant des palmes près d'un médaillon portant les initiales E. A. Au-dessous, croix d'ordre, avec les mots *Es frutto del trabajo.* Signé : *E. Ancelet.* 49 × 50[1]. (Collection L. Mar.)

ANDRÉ (Alfred), banquier, bibliophile, à Paris. — Chiffre composé de deux A fleuronnés, enlacés, et chargé d'un A romain azuré. Double filet circulaire, impression rouge, diam. 25^{mm}. (Collection Ed. Engelmann.)

ANGLETERRE (Henriette d'), duchesse d'Orléans, xviie siècle. — Monogramme H. A. surmonté d'une couronne fleurdelysée. (Fer de reliure.)

___

1. Les dimensions des Ex-libris sont données en millimètres

ANGOULÊME (Marguerite d'), sœur de François Ier. — 1° Lettre M majuscule romaine sommée d'une couronne ducale fleurdelysée. (Fer de reliure.) — 2° Monogramme composé de deux lettres M, dont l'une inversée. (Fer de reliure.)

ANNE D'AUTRICHE, reine de France. — Monogramme composé de deux A A, dont l'un inversé. (Fer de reliure.)

ANSART (Sélim), chef de la police municipale de Paris. — 1° Chiffre composé des six lettres de son nom azurées et enlacées dans le même ordre; au-dessous et séparément, les armes de la ville de Paris, 108 × 52. — 2° Même monogramme sans les armes, avec filet d'encadrement, 62 × 60. (Collection de la Société des Collectionneurs d'Ex-libris.) (Fig. 1.)

Fig. 1.

ARNAULDET (Paul), bibliophile. (Bibliothèque vendue en 1878.) — Un livre ouvert portant le monogramme A. P. et sur lequel brochent en formant encadrement les mots : *Nunquam amicorum*. Signé : *B*(racquemond). 67 × 56. (Collection H. Masson.)

ARNOULT (Ernest), juge au tribunal civil, Reims, † 1853. — Une pomme d'or (enseigne de ses ancêtres), et une toque de magistrat avec les mots *Souvenir* et *Espérance*, séparés par le nom *Reims*. Inscription : J. B. Er. A. (Jadart, *Les bibliophiles rémois*.)

ARTUS (Maurice), libraire à Paris. — Un écu de fantaisie traversé d'une bande noire sur laquelle se détache en blanc un amour chevauchant un porc, et deux livres, l'un fermé portant le monogramme A. M. 55 × 44. (Collection Wiggishoff.)

ASPREMONT (Marie-Louise d'), duchesse de Lorraine. — Semis d'un monogramme composé de deux M, dont l'une inversée, alterné avec une croix de Lorraine. (Fer de reliure.)

AUBOYER, avocat. — Monogramme composé des lettres A B E O R U Y, les unes évidées et les autres noires dans un cartouche entouré d'un cadre circulaire portant la légende *Quid ad me refert trita via non insisto*. Diam. 40^{mm}. (Collection de Crauzat.)

AUDENET (Adolphe), bibliophile. (Bibliothèques vendues en 1841 et 1874.) — 1° un écusson portant le monogramme A. A. en caractères romains, accompagné de trois étoiles. (Fer de reliure.) (Collection H. Masson.). — 2° Ex-libris semblable. 38 × 35.

AUDIFFRET-PASQUIER (Duc d'). — Monogramme A P P, l'A dans un double P sommé d'une couronne d'où sort une flèche. Au-dessus l'inscription : *Château de Sassy.* 63 × 29. (Bibliothèque nationale.)

AUFFAY (Comte Alfred d'). — Deux A gothiques sommés d'une couronne de comte. (Fer de reliure.)

AUGUSTINS DE METZ (Les). — Un cœur enflammé percé de deux flèches en sautoir, la pointe en bas. (Fer de reliure.)

Fig. 2.

Fig. 3.

AUMALE (Henri duc d'), fils du roi Louis-Philippe. — 1º Lettres gothiques H O, sommées d'une couronne ducale. (Fer de reliure. — 2º Monogramme H. O. traversé par une épée la pointe en haut et sommé d'une couronne fleurdelisée, au-dessous la devise : *J'attendrai.* (Fer de reliure.) — 3º Monogramme H. O. traversé d'une épée la pointe en bas, sur un fond en losange. — 4º Monogramme H. O. sommé d'une couronne fleurdelisée. La barre de l'H portant un lambel. — 5º Monogramme H. O. surmonté d'une couronne ducale dont le bandeau est entouré de feuilles de chêne. (*Arch. de la Société des Collectionneurs d'Ex-libris.*) (Fig. 2 et 3, et fig. 64, page 40, en bas.)

Fig. 4.

AYLÉ (Frédéric), industriel à Sarcelles (Seine-et-Oise). — Monogramme composé des lettres A E L Y gothiques blanches, sur un fond criblé, dans un cadre en forme d'enseigne. 64 × 43. (Collection Ed. Engelmann.)

BADILLÉ (Georges), banquier à Fontenay-le-Comte. — Un grand livre debout; sur la marge supérieure est assise une petite folie montrant du doigt les lettres B G enlacées sur le plat du volume; le tout encadré par un grand C sur le plein duquel on lit : *est ma toquade.* Signé *Stern.,* graveur. 61 × 51. (Collection de Bizemont.) (Fig. 4.)

Fig. 5.

Fig. 9.

BAILLIEU (Mme). — La titulaire assise lisant, dans sa bibliothèque ; en haut, à droite, chiffre B. L. Signé : *F. Vernon del. Émile Sulpis sculp.* 94 × 58. (Collection de Bizemont.)

BALATHIER DES NOYERS (Baron de), † en 1849. — Monogramme B. D. N. (Fer de reliure.)

BALÉZEAUX (E.). — Un écran surmonté d'un dragon et portant des caractères orientaux. Au-dessus : *Ex-libris E. B.* Signé : *Agry Gr. Paris.* 58 × 46.(Collection Ed. Engelmann.)

BAPST (Germain), orfèvre, bibliophile et homme de lettres. — 1° Monogramme composé des lettres A B P S T. Au-dessous on lit : *Ex-libris Germain.* Filet octogone. 26 × 30. (Bibliothèque nationale.) — 2° Le même monogramme seul. — 3° Un grand G romain ; dans l'intérieur, une fleur de lis florentine et les mêmes cinq lettres semées autour. Filet octogone. 57 × 55. (Collection de Bizemont et Bibliothèque nationale.)

BARON (L'abbé Henri-Toussaint), à Marseille, 1753-1830. — Médaillon ovale portant le chiffre H. B. T. en majuscules cursives fleuronnées, surmonté d'un chapeau d'évêque. 89 × 71. (Collection Ed. Engelmann.) (Voir fig. 5, planche hors texte.)

BARY (A. de), manufacturier à Guebwiller. — Paysage vu par une fenêtre. *Bibliothèque de la Prairie.* Signé : *A. Steyert inv. et fecit.* 89 × 61. (*Arch. de la Société des Collectionneurs d'Ex-libris*, t. VIII.)

Fig. 6.

Fig. 7.

Fig. 8.

BASCHET (Armand), littérateur. — Le lion de Saint-Marc sur une banderole portant les mots : *Tibi pax marce.* (Fer de reliure.)

BAVIÈRE (Marie-Anne-Christine-Victoire de), épouse du Grand Dauphin, fils de Louis XIV — Monogramme A. C. M. V, sommé de la couronne delphinale. (Fer de reliure.)

BAYARD (Charles), architecte à Lyon. — Un livre ouvert portant l'inscription : *Ex-libris C. B^ard^ n°*. Auprès, deux singes. Signé : *P. Pascalon inv. del. P. Ad. Varin sc.* 60 × 48. (Collection L. Mar.) (Fig. 7.)

BEAUCHAMP (P. Robert de), à Bordeaux. Lettres B. P. R. surmontées des mots : *Ce que Dieu veult*, dans un encadrement circulaire sur lequel on lit : *Comme le lierre, je meurs où je m'attache.* Diam. 35^mm^. (Collection de la Société des Collectionneurs d'Ex-libris.)

BEAUFORT (R. de). — 1° Lettres gothiques R. B., dans un double filet rectangulaire 18 × 20. 2° Les mêmes lettres sommées d'une couronne de comte, sans cadre. (*Arch. de la Société des Collectionneurs d'Ex-libris*, t. VIII.) (Fig. 6 et 8.)

BEAUHARNAIS (Hortense de). — H majuscule romaine fleuronnée, sommée d'une couronne impériale. (Fer de reliure.)

BEAUNE (Ville de). — La Vierge portant l'Enfant Jésus qui tient une grappe de raisin ; dans un cadre ovale équarri par des coins azurés. Au-dessous, un cadre oblong et vide dans lequel se lit quelquefois l'inscription : *Ville de Beaune.* 102 × 62. (Collection Ed. Engelmann.) (Voir fig. 9, planche hors texte.)

BEAUREGARD (Olivier), égyptologue. — Petit cartouche azuré sur lequel se détache en blanc le monogramme O. B. Autour, deux branches de laurier. En bas, la légende : *Lenit et ardet* 23 × 19. (Collection de Crauzat.)

BEAUVOIS-DEVAUX (André). — Chiffre A B D dans un écu entouré de livres. Au-dessous, une épée et un fleuret croisés avec la devise : *Toujours la pointe au corps.* 90 × 62. (Collection H. Masson.)

BENOIST (Albert), manufacturier à Reims. — Deux petits génies, l'un couché avec les mots : *Carpe diem*, l'autre se levant avec le mot : *Excelsior.* Cartouche portant le chiffre A B. (Jadart, *Les Bibliophiles rémois.*)

BENOIT (Arthur), à Berthelming. — 1° Cartouche supportant des livres et une sphère et renfermant l'inscription : *Liber in pœnis.* En bas, le chiffre A. B. 59 × 52. — 2° Monogramme composé des lettres B E I N O T, surmonté d'une banderole portant les mots : *Avec le temps.* Signé : *Aglaüs Bouvenne inv. sculp.* 72 × 50.

Fig. 10.

BENOIT (Louis). — Enfant nu, en faction, avec un fusil et une giberne devant une porte sur laquelle on lit *Bibliotheca L. B.* Signé : *J. T.* 55 × 34. (Fig. 10.)

BENOIT (Arthur et Louis), à Berthelming. — Étiquette portant en trois lignes l'inscription *Bibliotheca Saargoviana — Berthelming.* 29 × 58. (Collection de la Société des Collectionneurs d'Ex-libris.)

BERALDI (Mme H.), à Paris. — Monogramme B. H. M. dans un cadre ovale fleuronné. (Fer de reliure.) (*Arch. de la Société des Collectionneurs d'Ex-libris*, t. IV.) (Fig. 11.)

Fig. 11.

BERRY (Marie-Caroline, duchesse de). — Chiffre C. M. sommé d'une couronne fleurdelysée. 72 × 55. (Fer de reliure.) (*Arch. de la Société des Collectionneurs d'Ex-libris.*)

BERTRAND (F.), imprimeur-libraire, à Paris. — Une médaille aux armes de l'Université de Paris. Avers et revers. Devant, une branche de chêne enroulée d'une banderole sur laquelle on lit : *Ex-libris F. B.*, et au-dessous : *Bibliopolæ et typographi.* Paris. 62 × 53. (Collection L. Mar.)

BIRON (Mme Valentine), Paris. Bibliothèque et objets d'art vendus en 1889. — Lettres B. I. R. O. N., la 1re et la 2e enlacées ; la 4e et la 5e également. Sur un fond azuré entouré d'une jarretière surmontée d'un lion issant. 68 × 36. (Collection H. Masson.)

BIZEMONT-PRUNELÉ (Comte de). — Petit timbre octogone portant l'inscription A. G. P. B...t. 13 × 10. (*Archives de la Société des Collectionneurs d'Ex-libris*, t. VII.)

BOCHARD DE SARRON (Famille). — Médaillon ovale azuré sur lequel se détache en blanc le chiffre B. M. S. surmonté d'un croissant et d'une étoile qui sont des pièces de ses armes. 48 × 37. (Collection de Créuzat.)

BOCHET. — Monogramme B. C. E. H. O. T. entouré d'une bordure carrée ornée d'épines. Signé : *Stern gr.* 33 × 33. (Bibliothèque nationale.)

Fig. 14.

BOGARD (Jean), imprimeur à Douai, xvie siècle. — Un cartouche dans lequel la vue d'une ville est surmontée d'un cœur volant. Au-dessus, un livre ouvert. Autour, la devise : *Inquirit scientiam cor rectum.* (Fer de reliure.) (Collection Gruel.) (Fig. 12.)

BONAPARTE (Pauline), princesse Borghèse. — Chiffre B. P. dans un encadrement ovale dentelé. 11 × 7. (Fer de reliure.) (Collection Ed. Engelmann.)

BONNAMEN (R.). — Dans un filet en forme d'écu échancré, une tête de mort posée sur deux livres dont l'un est rongé par un rat et l'autre porte le monogramme R. B. ; au-dessus, la légende : *Quic — engroigne ainsy sera c'est mon plaisir.* 60 × 41. (Collection Aglaüs Bouvenne.)

BONNEJOY (D[r]), à Chars. † 1896. — Portrait photographique (cravate blanche) entouré de filets grecs. 22 × 18. (Bibliothèque nationale.)

Fig. 12.

BORDES (Adolphe), armateur. — Monogramme composé des lettres B. D. E. O. R. S. 34 × 28. (Collection de Crauzat.)

BOTTÉE DE TOULMONT, † 1890. — Monogramme carlovingien en forme de croix composé des lettres B. D. E. G. L. N. T. V. 22 × 19. *(Archives de la Société des Collectionneurs d'Ex-libris, t. X.)* (Fig. 13.)

BOUCHER (Dr Paul), à Paris. — Chiffre B. B. P. P. Timbre humide. 15 × 14. (Collection Wiggishoff.)

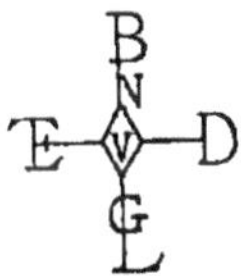

Fig. 13.

BOUDET (G.), éditeur, à Paris. — Un page assis lisant. Au-dessous, un grand livre ouvert portant la légende : *Formosa dilexi* ; au-dessus, *Ex-libris* G. B. Signé : L. L. (Lebègue). 88 × 62. (Collection L. Mar.) (Voir fig. 14, planche hors texte.)

Voir tirage hors texte sur la planche originale, gracieusement prêtée par le titulaire.

BOULAY (de la Meurthe). — Un chat assis sur des livres. Au-dessous, un feuillet sur lequel on lit : *Ex-libris B. de la M.* 78 × 57. Signé F. C. (Courboin). (Collection Wiggishoff.)

BOURBON (Catherine de), sœur de Henri IV. — Deux C. romains adossés et enlacés. (Fer de reliure.)

BOURBON (Marie-Amélie de), reine des Français. — Lettres M. A. majuscules anglaises sommées d'une couronne royale fleurdelysée. (Fer de reliure.)

BOURET. — Un sphinx tenant un éventail sur lequel se lit le mot *Ex-libris*, et deux masques ; au-dessous, les lettres M. B. 60 × 55. (Collection Bouland.)

BOURGEOIS (Armand), à Pierry (Marne). — Un amour tenant une draperie attachée par un bout à un cep de vigne aux branches duquel est suspendu un petit écusson portant N°. Signé : *Adolphe Varin, 1883.* Filet. 72 × 101.

Il existe des épreuves avec le nom sur la draperie. (Collection L. Quantin.)

BOURGOGNE (Marie-Adélaïde de Savoie, duchesse de). — Chiffre A. M. sommé d'une couronne ducale. (Fer de reliure.)

BOUTON (Victor), héraldiste. — 1° Un écusson antique de.... à la bande de... dans un encadrement circulaire, avec la légende : *Je romps et ne plie pas.* Diam. 28ᵐᵐ. — 2° Le même. Diam. 20ᵐᵐ. (Collection de la Société des Collectionneurs d'Ex-libris.)

BOUVENNE (Aglaüs), artiste graveur et bibliophile. — 1° Un livre flottant sur l'eau et portant un monogramme composé des lettres B E E N N O U V. Au-dessous, la légende *Colligebat : quis perficiet.* Signé : *Bracquemond del et sculp. 1875.* 67 × 54. (Collection de la Société des Collectionneurs d'Ex-libris) — 2° Petit timbre rond humide portant le même monogramme entouré des mots : *Hoc est signum meū.* Diam. 17ᵐᵐ. (Collection Wiggishoff.)

BRICHAUT (Auguste), Intérieur d'une coquille d'huître sur laquelle est figurée le sujet de la fable *L'huître et les plaideurs.* 65 × 66.

Il existe des épreuves avec le nom dans l'angle supérieur. (Collection Wiggishoff.)

Fig. 15.

Fig. 16.

Fig. 17.

BRISSART-BINET, auteur de *Cazin*, par un cazinophile, à Reims. — Dans un écu, une église portée par deux anges. Au-dessus, banderole portant les mots *Unam time*, et au-dessous, deux B. et légende : *Omnia in labore.* (Jadart, *Les bibliophiles rémois.*)

BRUN (A.), libraire à Lyon. — 1° Dans un cartouche flanqué de deux femmes (la Foi et l'Espérance) un arbre portant un nid et une banderole avec les mots *Deus providebit.* Dans l'encadrement, la légende : *Travaille, prie, espère,* surmontée des lettres A. B. Signé *A. S.* (Steyert.) 43 × 36. (Collection Wiggishoff.) — 2° Le même cartouche flanqué de la Foi et l'Espérance assises, la légende en haut; en bas, un puits surmonté du monogramme A. B. Une inscription nominative se trouve quelquefois séparée au-dessous. 78 × 66.

BRUN (L.), libraire à Lyon. — 1° Avers et revers d'une médaille grecque autour desquels on lit les mots : *Nobirulus. bibliopola. Lugd. 1887.* Filet rectangulaire. Entre les deux médailles, signature A. R. 50 × 79. — 2° Un intérieur. Des livres sur une table, laquelle porte la même inscription que ci-dessus. Signé en haut : *Léopold Niepce.* 120 × 82. (*Arch. de la Société des Collectionneurs d'Ex-libris*, t. VIII.)

BURCKARDT (Charles), astronome, mort à Paris, 1825. — Chiffre penché C. B. dans une couronne de fleurs. 32 × 35. (Collection Aglaüs Bouvenne.)

BURCKARDT (Jean-Henri), antiquaire et botaniste. — Intérieur de bibliothèque; au milieu, une statue de femme alimentant un serpent. A terre, attributs des sciences, numismatique, histoire naturelle. En haut, petit médaillon avec chiffre B. H. J. Signé : *Gérard Scotin major sculp. Lutetiæ Parisior. 1715.* 131 × 80.

Burckardt était Allemand, mais son Ex-libris est bien français. (Bibliothèque nationale.)

BUREY (Comte de). à Évreux. — Lettres R. B., surmontées d'une couronné de comte. (Fer de reliure.) (Fig. 8.)

BURTY (Philippe), critique d'art. Bibliothèque vendue en 1891. — 1° Une cigogne portant dans son bec une banderole sur laquelle on lit : *Fidèle et libre.* (Fer à dorer.) (Fig. 18.) — 2° Monogramme composé des lettres B. R. T. V. Y. 11 × 11. (Fig. 15.) — 3° Monogramme P. B., le P. à contre-sens, en blanc sur fond noir, dans un cadre rectangulaire. 21 × 18. (Fig. 17.) (Collection Maurice Tourneux.) (Voir ci-dessous et page 136.)

CAILLAVET (Mme A. de). — Un panier de fleurs dont l'anse est ornée d'un ruban et portant les lettres L. A. C. 39 × 29. (Collection de Crauzat.)

CAMBACÉRÈS (F.-J.-Régis de), archi-chancelier de l'empire. — Chiffre C. J. entre deux branchages ; au-dessus, couronne d'étoiles. 72 × 55. (Fer de reliure.) (Collection Ed. Engelmann.) (Fig. 16.)

CAPRON (F.), bibliophile. — Chiffre composé de deux F adossées et d'un C en blanc dans un écu azuré et entouré de lambrequins. Sous le chiffre, la légende : *Quæro.* Signé *H. Catenacci del. A Descaves sculp.* 39 × 45. Bibliophile belge, mais l'Ex-libris est français. (Collection H. Masson.)

Fig. 18.

Fig. 19.

CARMES, de la place Maubert, à Paris. — Monogramme C. G., le C. à contre-sens (Grands Carmes). (Fer de reliure.)

CARON (Pierre-Siméon), mort en 1806, fit réimprimer, au commencement du xixe siècle, à petit nombre, une douzaine d'ouvrages anciens, connus sous le nom de *Collection Caron.* Étiquette sur laquelle on lit :

> *M'acheter pour me lire*
> *CAR ON s'instruit ainsi.*
> (*Arch. de la Société des Collectionneurs d'Ex-libris, t. VI.*)

CASTELLANE (F. de). — Chiffre double, style Louis XIV, C. P. dans un médaillon rond. Autour, la devise : *Mai d'ounour che d'ounours.* En haut, couronne fermée ; en bas, une banderole portant l'inscription : *Bibliothèque de Paris.* 64 × 62. (Bibliothèque nationale.)

CAYEUX (Louis). — Cartouche rocaille portant dans un ovale le chiffre C. L. Au-dessous, un buste, une équerre, un livre et un crayon. 61 × 48. (Collection de Vismes.)

CAYEUX (Philippe), sculpteur, xviiie siècle. — Même composition avec le chiffre P. C. (Collection L. Mar.)

CERF (L'abbé Ch.), à Reims. — Un cerf se désaltérant à une source. Au dessus, devise : *Desiderat.* (Jadart, *Les bibliophiles rémois.*)

CHABAS (F.), égyptologue. — Petit tombeau égyptien sur lequel on voit un C soutenu par des branches de lotus auxquelles sont suspendues trois croix d'ordres. Au-dessous, une banderole portant le mot : *Labor.* 27 × 28. (Collection Wiggishoff.)

CHABEUF (Henri), archéologue à Saint-Seine (Côte d'Or). — 1° Monogramme composé d'un H et d'un double C dans un cartouche accosté de deux anges tenant chacun un livre. Au-dessous, sur une banderole : *Labore et fide.* Signé : *Ed. Didron.* 50 × 65. (Fig. 19.) — 2° Un paysage traversé diagonalement par une plume d'oie autour de laquelle s'enroule la légende : *Ex-libris H. C. Divionensis et Sequanici.* En haut, deux chats ; en bas, deux bœufs. Signé : *V. F.* Filet. 82 × 69. (*Arch. de la Société des Collectionneurs d'Ex-libris,* t. VII.)

CHAMBORD (Le comte de). — Lettre H, dont les jambages sont semés de fleurs de lys et surmontée d'une couronne royale. (*Arch. de la Société des Collectionneurs d'Ex-libris,* t. I.) (Fig. 20.)

CHAMPFLEURY (J. Fleury-Husson, dit). — Un champ de blé dans lequel sont des fleurs. Sur le sol, un miroir portant le mot : *Veritas.* Au fond, vue de Laon. En bas, inscription : *Fais ce que dois,* quelquefois remplacée par le nom du titulaire. 84 × 68. (Collection Wiggishoff.)

Fig. 20.

CHANU. — Livres amoncelés devant le nom rayonnant de Victor Hugo. Au-dessus, les mots *Ex-libris* suivis d'un chat et d'un *nu* grec. Signé : *Aglaüs Bouvenne.* Filet, 66 × 46. (Collection L. Mar.)

CHARITÉ, de Paris (Frères de la). — Ovale en hauteur, entouré de rayons, au milieu duquel on lit en trois lignes le mot *Charitas.* (Fer de reliure.)

Ne pas confondre avec les Minimes qui avaient la même marque, mais sommée d'une couronne royale.

CHARLES IX, roi de France. — 1° Semis de chiffres 9 arabes, couronnés. (Fer de reliure.) — 2° Deux colonnes reliées par une banderole portant la devise : *Pietate et justitia.* (Fer de reliure.)

CHARLES X, roi de France. — Deux C enlacés, sommés d'une couronne fleurdelysée.

CHARTRES (Robert, duc de), fils du roi Louis-Philippe. — Deux R adossées brochant sur un écusson antique sommé d'une couronne ducale antique.

CHENAY (Paul), artiste graveur. — Sur un livre ouvert, les mots : *Mihi tantum, mihi tantum.* Cadre très orné ; aux quatre angles, lettres C P enlacées. Signé : *G. Huot.* 56 × 56. (Collection de Bizemont.)

CHÉRON (Paul), de la Bibliothèque nationale. † à Sannois, 1881. — 1° Chiffre C P dans un cachet circulaire imprimé en bleu. En exergue : *Cercando il vero.* Diam. 20^{mm}. — 2° Un C, puis un héron. Dans le fond, les moulins de Sannois. (*Arch. de la Société des Collectionneurs d'Ex-libris,* t. VII.)

CHRISTOPHE, sculpteur. — Petite gravure ovale ; saint Christophe portant l'Enfant Jésus ; en haut, la date 1875 ; en bas, les mots : *Tu te nommeras Christophe.* 42 × 29. (Collection Aglaüs Bouvenne.)

CLAUSSE DE MARCHAUMONT, maître des eaux et forêts de Bourgogne. † 1641. — Monogramme composé de deux M, dont l'une inversée, et de deux C fermés, enlacés. (Fer de reliure.)

CLÉMENT (Paul). — Chiffre C. J. P. dans un cartouche rocaille. Encadrement, filet à angles abattus. 36 × 25.

Estampage or sur cuir. (Collection Aglaüs Bouvenne.)

CLOUZOT (L.), libraire à Niort : — 1° Cartouche Renaissance dans lequel est inscrit un ovale portant un monogramme composé des lettres C L O O T U Z. Signé : *O. de Roch*(ebrune) *F. et inv.* 90 × 70. — 2° Une réduction. 44 × 33. (Collection de Bizemont.)

Fig. 21.

COHEN (Maurice), ingénieur en chef des ponts et chaussées, † à Cahors, 1883, (Bibliothèque vendue en 1884.) — Monogramme composé d'une M et de deux C, dont l'un à contre-sens, dans un encadrement orné renfermant les mots : *Haud immemor.* Impression rouge, 23 × 23. (Collection H. Masson.)

COLBERT (J.-B.) (le grand Colbert.) — 1° Chiffre double B. J., sommé d'une couronne ducale et flanqué de lauriers. Au-dessous, une couleuvre. (Fer de reliure.) — 2° Chiffre B. C. J., sommé d'une couronne ducale. (Fer de reliure.)

COLBERT DE CROISSI. — Deux C fleuronnés, enlacés, dont l'un à contre sens. (Fer.)

COLIGNY (François de). — Un cœur enflammé dans lequel s'inscrit un monogramme composé des lettres A. C. G. V. (Fer de reliure.)

COLLET (Émile), avoué à Paris. — En haut, une haie dont les branchages figurent le nombre 1000 ; en bas, une autre haie devant laquelle se voit un col de chemise. (Haie, 1000, col, haie.) Banderole portant la légende : *Non liber sine libro.* Signé : *Devambez* 67 × 36. (Collection Wiggishoff.)

COLLIN (Yves-Dominique), graveur à Nancy, xviii° siècle (Attribué à). — Chiffre C. Y. dans un cartouche Louis XV, au milieu de nuages. Signé : *A Nancy par Collin graveur du feu Roy de Pologne, 1770.* 51 × 48. (Collection Ed. Engelmann.)

COLMAR (Société littéraire de). — Une tige de rosier. Au-dessous : *Tandem floresçet.* Signé : *St Q*(uentin) *inv. L. B. sculp.* 04 × 05. (Collection Ed. Engelmann.) (Fig. 21.)

COLMAR (Bibliothèque de lecture à). — Une femme assise au pied d'une colonne et lisant. A gauche, un jet d'eau. Au-dessus, l'inscription en capitales italiques : *Mes délassemens.* 91 × 65. (Collection Ed. Engelmann.)

COMBIER (Mme **Marie).** — Un cartouche entouré de pensées et sur lequel se voit le chiffre C. M. A droite, voltige un petit amour portant une banderole sur laquelle on lit : *Quand même !* 56 × 49. (Collection L. Mar.)

COMBROUSE (Guillaume), archéologue et numismate. † en 1873. (Bibliothèque vendue la même année. — Monogramme en forme de croix. Au milieu, un O; en haut, B E; en bas, V R; à gauche, C; à droite, Z (s); au-dessus, en une ligne cintrée : *Perennitate Galliarum.* 30 × 38. (*Collection de la Société des Collectionneurs d'Ex-libris.*)

CONDÉ (Musée), à Chantilly. — Les lettres M C séparées par un bâton péri en bande, avec au-dessus et au-dessous, une fleur de lys. (*Arch. de la Société des Collectionneurs d'Ex-libris, t. II.*)

CONQUET (L.), libraire à Paris. — 1° Un moineau sur un monceau de livres supporté par un cartouche sur lequel on lit : *Ouvre l'œil.* Signé : *Giacomelli.* 44 × 35. (Collection Wiggisoff.) — 2° Le même, avec des différences minimes et portant après la signature les mots : *à son ami Conquet.*

COPETTE (L'abbé), xviiie siècle. — Dans un médaillon supporté par deux coqs, un autre coq fait... ce qu'indique les deux dernières syllabes du nom du titulaire. Au-dessous, la légende : *Non sine murmure.* 76 × 63. (*Arch. de la Société des Collectionneurs d'Ex-libris, t. VII.*)

CORDIER (Henri), professeur de langue chinoise. — Un petit cartouche entouré de cordes et couvert d'un gros caractère chinois. Au-dessus, les initiales H. C. Au-dessous, la devise : *Je flâne donc je suis.* Signé : *Raparlier, inv. P. Ado. Varin sc. 1880.* 47 × 45. (Collection L. Mar.)

CORDIER-SOUVESTRE (F.). — Cartouche architectural contenant un monogramme composé d'un F évidé et de deux C noirs, adossés et enlacés ; au-dessous, l'inscription : *pro filiis.* Filet rectangulaire. 58 × 54. (Bibliothèque nationale.)

Fig. 22.

Fig. 23.

Fig. 24.

COURAUD. — Dans un écu se voit un coq fécondant une poule, et le soleil et la lune grimaçants. En haut, dans une banderole, le mot *Éclipse.* En bas, l'inscription : *Bibliothèque érotique, 1894.* Signé : *Henry-André inv.* 90 × 66. (Collection Quantin.)

COURCY (de). — Un arbre ombrageant une pierre levée sur laquelle on lit : YCROUC, anagramme du nom. En bas, sur une pierre, signature : *M. N.* 47 × 37. (Collection de Bizemont.)

COUSIN (Charles), bibliophile. (Bibliothèque vendue en 1891.) — 1° Étiquette dorée, estampée sur papier noir. Deux C enlacés. 10 × 10. (Fig. 24.) — 2° Une petite vache rouge sur fond doré. Étiquette ronde. Diam. 19. (Collection Bouland.) (Fig. 22.) — 3° Un cartouche rocaille, au centre, on lit : *Jean s'en alla comme il était venu,* et le monogramme J. F. T. brochant sur le tout. Autour, la légende : *C'est ma toquade* ; au bas, deux C enlacés ; à l'extérieur, marotte, livre et guirlande de roses. Signé : *P. V.* 110 × 78. — 4° Un cartouche ogival. Au centre, sur un fond azuré, on lit : *Jean s'en alla comme il était venu,* et le monogramme J. F. T. brochant sur le tout. Autour, la légende : *C'est ma toquade.* Au bas, deux C enlacés. 37 × 29. (*Arch. de la Société des Collectionneurs d'Ex-libris, t. IX.*) (Fig. 23.)

DAQUIN (Claude), organiste, xviiie siècle (Attribué à). — Au centre d'un encadrement rocaille orné d'instruments de musique, on voit, se suivant, les trois lettres L. C. D., capitales allemandes. Signé : *F. Pilsen, f.* (Collection de Vismes.)

DAUPHINOT (Adolphe), de Reims. — Une femme tenant de la main gauche une palette et de la droite un médaillon aux armes de Reims ; au-dessous, livres et fusils ; en haut, petit cartouche portant le chiffre A. D. Signé : *H. Leloir, L. Ruet, sc.* (Jadart, *Les bibliophiles rémois.*)

Il en existe un semblable dans lequel le cartouche est remplacé par une banderole portant le nom.

DAUZE (M. Dreyfus, dit Pierre), directeur de la *Revue biblio-iconographique*. — Une femme nue appuyée sur un livre ouvert sur lequel se voient les lettres P. D. Autour, une banderole portant les mots : *Livre opium de l'occident*. Signé : A. L. 32 × 27. (Collection Wiggishoff.)

DECISY. — Monogramme composé des lettres C. D. E. I. S. Y. En haut et en bas, une banderole sur laquelle on lit les mots : *Ex-libris*. 46 × 31. (Bibliothèque nationale.)

DÈCLE, fabricant de bijouterie, à Paris. — Portrait photographique en buste (genre timbre-poste). Dans les écoinçons, les lettres C. D. 21 × 17. (Collection H. Masson.)

DEFAY (Antoine), imprimeur à Dijon. — Bonne foi (deux mains se serrant) dans un cartouche surmonté de fleurs, et d'un ruban sur lequel on lit : *Ta foy n'a denié* (anagramme du nom, imitation de la marque de Antoine de Fay, imprimeur à Dijon, 1730). 36 × 37. (Collection L. Mar.)

DELATTE (Joseph). — Un J entouré d'un filet grec circulaire. (Fer de reliure.) — Le même fer avec la lettre D, pour le plat verso. (Fer de reliure.) (Collection Maignien.)

DELZANT (Alidor). — Un tableau carré sur lequel un médaillon rond porte le buste de profil d'une femme casquée, avec des serpents enroulés autour d'elle et une tête de Méduse sur la poitrine. Le fond rempli d'inscriptions grecques. 92 × 95. (Bibliothèque nationale.)

DESAINS (L.-F.), notaire à Saint-Quentin, oncle de Henri Martin. — Chiffre D. F. L. dans un cartouche orné, duquel retombent deux branches d'olivier. Au-dessus, une banderole portant les mots : *notaire à St Quentin*. 74 × 47. (Collection L. Mar.)

DESCHAMPS (Pierre), bibliographe. — Dans un cadre ovale en largeur, un âne couché et lisant. Signé : *L. F.* (Léop. Flameng.) *Imp. Aug. Delâtre, rue Saint-Jacques, 171*. 31 × 38. (Collection Maignien.)

DESÉGLISE (Victor). — Monogramme B. D. J. V. dans un cartouche à enroulements Renaissance. Cadre rectangulaire, double filet. 81 × 69. Signé : *Stern*. (Collection de Crauzat.)

DESPORTES (Philippe), poète, xvie siècle. — Deux *Phy* grecs enlacés. (Fer de reliure.)

DES ROBERT (Edmond), à Nancy. — Grand monogramme composé des lettres B D E E O R R S T. Au-dessous, la date 1898, dans un cercle renfermant la devise : *Le espérance me contente si fortune me tourmente*. Diam. 51^mm. (Collection de la Société des Collectionneurs d'Ex-libris.)

DESROSIERS (P.) ou **DEROSIER**. — Monogramme composé des lettres D E I O P R S, entouré de la légende : *Penetrabit*, dans un médaillon entouré de fleurs, supporté par une tablette en pierre ornée d'une clef couchée. 68 × 47. (Bibliothèque nationale.)

DESTAILLEUR (H^te), architecte et bibliophile. (Bibliothèque vendue 1891-96.) — Écu ovale, posé obliquement et garni d'un hibou, dans un cartouche rocaille surmonté d'une tête de Minerve. Autour, attributs des sciences et des arts. En bas, à droite, une femme nue tenant une colombe. Signé : *J. Chauvet ft.* 84 × 50. (Collection L. Mar.)

DEULLIN (Eugène), notaire à Épernay. (Bibliothèque vendue en 1898.) — Neuf amours dans une bibliothèque, dont trois voltigent en tenant une banderole pouvant recevoir une inscription. Signé : *Delaunay inv. E. Varin sc*. 92 × 53. (Collection Wiggishoff.)

DEVAULX (Th.), graveur à Paris. — 1° Un sphinx couché sur des livres auprès d'une potence en fer ornée supportant une enseigne où se voit un monogramme composé des lettres A D E L U V X. En bas, la date 1895, et la signature : *E. Th. Devaulx F.* 90 × 76. — 2° Un sphinx assis sur des livres supportés par un piédestal devant lequel est posé un bouclier portant le même monogramme que ci-dessus. Signé : *E. Th. Devaulx F.*, 1895. 105 × 70. — 3° Une bannière sur laquelle paraissent brodés sur fond noir quatre points d'interrogation enlacés auxquels est suspendue une ancre. Au-dessous, l'inscription : *Ex-libris d'un curieux*, autour de laquelle des A formés de points (curieux désappointé) et les mots : *Dédié à ses contemporains par E. Th. D.* 109 × 63. (*Arch. de la Société des Collectionneurs d'Ex-libris*, t. VI.)

DIDELOT (Jean-Baptiste), instituteur à Amance (Meurthe). — Sur un échafaudage, un maçon portant le nom *Jean* sur son tablier. Son aide, sur une échelle porte le nom *Ste* inscrit sur son dos, et dit au premier, dans un philactère qui sort de sa bouche, *Dlot*. Traduction : Jean bâtit, Ste dit Dlot !!! Et cela est signé E 1000, $\frac{i}{3}$ ce qui veut dire, paraît-il, *Émile Thierry*. 60 × 42. (*Arch. de la Société des Collectionneurs d'Ex-libris*, t. II.)

DIETSCH (Joseph), pianiste à Dijon. — Écusson cordiforme avec instruments de musique et la devise : *J'ose et fais* ; autour, le mot TSCH répété dix fois, ce qui complète (?) le nom du titulaire (J'ose et fais dix tsch!). Signé : *Montigaud sc.* 56 × 57. (Collection L. Mar.) Fig. 25.

DOCHE (Eugénie), artiste dramatique. — Chiffre formé des lettres E. D. (Fer de reliure.)

DOCTRINE CHRÉTIENNE (Frères de la), de Paris, xviii° siècle. — Chiffre S. C. (Maison de Saint-Charles.) (Fer de reliure.)

DORMANS-BEAUVAIS (Collège de), à Paris, xvii° s. — Un D dans un B, tous deux fleuronnés. (Fer de reliure.)

DOUAI (Chanoines de Saint-Amé, à). — Chiffre A. G., majuscules bâtardes ajourées, dans un cartouche rocaille. 69 × 57. (Bibliothèque nationale.)

DROIT (Charles), notaire à Nancy. — Une femme à coiffure alsacienne assise appuyée sur un livre ouvert en haut duquel se tient un coq. Le feuillet verso présente le mot *Droit* et le recto une balance. Signé : *J. Wagrez, L. Boisson sc.* 44 × 40.

Cet Ex-libris peut, malgré le nom de son titulaire, être pris pour un anonyme. (*Arch. de la Société des Collectionneurs d'Ex-libris*, t. X.)

Fig. 25.
Fig. 26. 

DU BURG, président au Parlement de Bordeaux, xvii° siècle. — Monogramme composé des lettres B. D. G. R. U. (Fer de reliure.)

DUCREST DE VILLENEUVE, secrétaire général de l'Administration des droits réunis. — Chiffre composé des lettres A A D P V dans un ovale blanc se détachant dans un tableau noir rectangulaire. Au bas, l'inscription des noms et qualités du titulaire, toujours couverte d'encre de Chine, ce qui rend cet Ex-libris à peu près anonyme. (Collection Bouland.)

DU DEFFAND (Madame). — Un chat. (Fer de reliure.)

DUDÉSERT (Denis), de Saint-Mandé. — Écu français dans lequel on voit deux nids dans des roseaux, et le désert avec une statue de sphinx sur le piédestal de laquelle on lit la légende : *Lege et Vale* ; au-dessus, les mots *Ex-libris* et le chiffre D. D. Signé : *E. Manesse sc.* 60 × 42. (Bibliothèque nationale.)

DUHAMEL (Claude-François-Victor), xviii° siècle. — Lettres E. D. F. V. entre deux palmes et surmontées d'une couronne ducale. (Fer de reliure.) 52 × 61. (Collection Wiggishoff.)

DUHAMEL (Henri), bibliophile à Gières, près Grenoble. — Inscription en deux lignes : *Ex — lib. Hen — ry*, interrompues au milieu par un monogramme composé des lettres A D E H L M U. 14 × 29. (Collection Maignien.)

DU LAU D'ALLEMANS (Marquis). — Chiffre double A. A. L. L., fleuronné, sommé d'une couronne de marquis. 49 × 40. Existe aussi avec le nom. (Bibliothèque nationale.) (Fig. 26.)

DU MAY (Albert), libraire à Paris. — Un jardinier appuyé sur un arbre auquel est suspendu un cartouche portant le monogramme A. D. M. et la légende : *Mai portera fruits.* 36 × 31. (Collection Wiggishoff.)

DU PETIT VAL (Raphaël), libraire à Rouen, xvii° siècle. — Monogramme A. D. L. P. V. (Fer de reliure.)

DUPLESSIS (Georges), conservateur du Cabinet des estampes. — Une médaille sur laquelle se voit une femme vêtue à l'antique examinant une estampe tirée d'un carton ; dans le champ, quelques titres d'ouvrages du titulaire : *Les Audran. Inventaire de la collection Hennin*, etc. 38 × 38. (Collection M. Tourneux.)

DU PUY (Les frères Pierre et Jacques), littérateurs, xviie siècle. — Deux *Delta* grecs enlacés formant une étoile. (Fer de reliure.)

DURAND, de Senlis, xviiie siècle. — Les initiales G. D. timbrées d'une couronne de comte et entourées de deux branches de laurier. Au-dessous, deux cases, l'une portant N°, l'autre A. Filet rectangulaire. 55 × 40. (Bibliothèque nationale.)

DURIER (A.), pharmacien à Vire. — Une chimère volant vers un soleil rayonnant, portant les mots : *Suivez-la !* Au-dessous, une étoile sur laquelle se voient les lettres A. D. 69 × 43. (Collection Bouland.)

DUROND (Henri), bibliophile à Moulins. — Monogramme D. H. dans un encadrement de rinceaux. 22 × 23. (Fer de reliure.) (Collection Ed. Engelmann.)

DUVAL (Antonin). — Monogramme composé des lettres A. D. gothiques, se terminant en chardons et se détachant en blanc sur un fond noir dans un cadre à enroulements. 41 × 34. (Bibliothèque nationale.)

Fig. 27.

DU VAL (Valentin Jameray), célèbre numismate, d'abord berger et jardinier. 1695-1775. — Un médaillier, un jardinier, un berger et un laboureur. En haut, houlette, caducée, attributs des sciences et du jardinage. Signé : *J. Christof sc.* 85 × 60.

Cet Ex-libris porte le seul nom Duval, si répandu, que nous avons cru devoir le citer néanmoins. (Collection de Bizemont.)

ÉGLISE RÉFORMÉE DE PARIS. — Femme adossée à une croix, tenant un livre et foulant aux pieds la mort, le tout entouré de deux palmes et surmonté de l'inscription B. E. R. P. (Bibliotheca ecclesiæ reformatæ Parisiensis. (Fer de reliure.) (Collection Maignien.)

ENGERAND (Fernand), député du Calvados. — Monogramme E. F. ; au-dessus, sur une banderole, la légende : *Unius veritatis amicus.* 34 × 46. (Collection Wiggishoff.)

ESCOUBÈS (Dr J.). — Une femme nue casquée tient de la main droite une tête. Un amour souffle des feuilles de vigne et les mots : *Ecce Homais.* En bas, sur des livres, les initiales J. E. 102 × 80. (Collection de Bizemont.)

ETEVENON-GRESLÉ (Pauline). — Un enfant, en robe et bonnet, rangeant des livres, dont l'un porte le monogramme E. G. Signé : *Adolphe Varin del. scul.* 74 × 92. (*Arch. de la Société des Collectionneurs d'Ex-libris*, t. II.) Il existe des épreuves avec nom.

FABRI (Madeleine), épouse du chancelier Pierre Séguier. — 1° Monogramme F. M. S. en caractères romains. — 2° Monogramme F. M. P. S. (Fers de reliure.)

FAVIER. — Un enfant nu ailé, marchant sur des livres et tenant une torche. Derrière lui, sur un livre ouvert, l'inscription : FiAt Vir libER libris. 79 × 51. (Bibliothèque nationale.)

FAVRE (François), bibliothécaire au Conservatoire des arts et métiers, maire au XVIIe arrondissement de Paris. † 1892. — Un forgeron dans un entourage formé par deux tiges de plantes se terminant par deux lettres F affrontées. En haut, une banderole portant le mot *Fabricando*. Signé : *H. P., E. H. (Arch. de la Société des Collectionneurs d'Ex-libris*, t. VIII.) (Fig. 27.)

FEYDEAU DE BROU (**Esprit**), garde des sceaux, 1762. — Chiffre B. D. E. F. sommé d'une couronne ducale. (Fer de reliure.) (*Arch. de la Société des Collectionneurs d'Ex-libris.*)

FLACH (**Jacques**), à Strasbourg. — Des tiges légères de fleurs et feuillages formant cinq arceaux. Quatre d'entre eux renferment des types différents de lecteurs. Dans celui du milieu on lit :

> *A mes livres.*
> *Plaisants, je vous aime*
> *Sérieux aussi*
> *Frivoles, de'même*
> *Pédants, merci!*

Signé : *E. S.* 87 × 64. (Bibliothèque nationale.)

FLEURY (**P. de**), archiviste, Angoulême. — 1º Lettre F, ornée et fleurdelysée, traversant une couronne de comte. (Fer de reliure.) — 2º Chiffre composé de deux F. et deux G., sommé d'une couronne de comte. (Fer de reliure.) (*Arch. de la Société des Collectionneurs d'Ex-libris*, t. II.)

FORMONT (**Émile**), à Bar-sur-Aube. — Un fort au sommet d'un mont, avec l'inscription : *Barum super Album* dans un cadre circulaire sur lequel on lit : *Tout fors mon livre.* 44 × 46. (Collection de la Société des Collectionneurs d'Ex-libris.)

FOUQUET (**Nicolas**), surintendant. — Deux *Phy* grecs enlacés. (Fer de reliure.)

FOURGEAUD-LAGRÈZE. — Un livre derrière lequel est une plume d'oie. Encadrement ovale portant la légende : *Res optimæ res pessimæ*. 46 × 33. (Bibliothèque nationale.)

Fig. 28. Fig. 29.

FOVILLE (**A. de**), professeur au Conservatoire des arts et métiers. — Arlequin masqué montre une pancarte où l'on voit Pierrot pendu. Signé : *C. G.* 58 × 37. (Bibliothèque nationale.)

FRANCE (**Diane de**), fille de Henri II. — Deux D adossés et enlacés en semis. (Fer de reliure.)

FRANCOIS II et MARIE STUART. — Un chardon entre deux dauphins. (Fer de reliure.)

FROMENT-MEURICE (**Marc**), à Paris. — Lettres M. F. M. dans un cartouche trilobé; derrière, des tiges de blé, de chêne et de laurier liées par un ruban portant les mots : *Velle posse.* 63 × 35. (Collection Ed. Engelmann.)

FURLOT (**Hubert**). — Un violon et une lyre barrés par une portée de musique sur laquelle on lit : *Ex-libris*, et au-dessous, H. F. En haut, petite femme couchée. 65 × 82. (Bibliothèque nationale.)

GAGNIÈRE (**Albert**), d'Anneyron (Drôme), contemporain. — Monogramme composé des caractères A. G. anciens évidés. (Fer de reliure.)

GAL (**Louis-Marie**), directeur d'assurances. — Un coq sur une ancre placée horizontalement. En bas, la devise : *Je veille et tiens bon.* Signé : *Stern, graveur.* 60 × 43. (Collection de Bizemont.)

GALICHON (**E.**). — Tarot italien représentant un ange vêtu d'une robe flottante, le pied gauche posé sur une sphère, le pied droit levé et supportant des deux mains un disque destiné à recevoir une inscription. 73 × 40. (Collection Maurice Tourneux.)

GALLE (**M**ᴵᴵᵉ), à Montiéblon, par Tassin (Rhône). — Intérieur xivᵉ siècle. Une femme debout coiffée d'un hennin lit sur un pupitre. A gauche, vue d'une ville, par une fenêtre, au-dessous de laquelle l'inscription : G. G. *L U G D.* 65 × 80. (Collection L. Mar.)

GALLIFET (**Général marquis de**). — Écu ovale de gueules chargé d'un G d'argent. Couronne de marquis. Supports, deux lions. En bas, devise : *Age quod agis.* 49 × 51. (Collection de Bizemont.)

GARDE (**F.**), fabricant d'encres d'imprimerie. (Bibliothèque vendue en 1869.) — 1º Une presse d'imprimeur devant un livre ouvert portant les lettres F. G. Au-dessus, légende : *Je lui dois tout.* 28 × 22. (*Arch. de la Société des Collectionneurs d'Ex-libris*, t. IX.) (Fig. 28.)

GARNIER-DUBOURGNEUF. — Lettres G. C., capitales anglaises, se suivant dans un filet rectangulaire. (Fer de reliure.)

GAUTIER (Théophile). — Grand scarabée dans un portique égyptien contenant un monogramme composé des lettres A. E. G. I. R. T. V. Signé : *Aglaüs Bouvenne del sculp. 1872.* 59 × 62. (Collection Wiggishoff.)

GENTIL-MUIRON. — Dans un cartouche Louis XVI entouré de guirlandes de roses, un écu ovale azuré chargé des lettres G I S V enlacées. Couronne de comte. Supports, deux lions. 66 × 58. (Collection de Bizemont.)

GEOFFROY (A.), à Paris. — D'un monogramme gothique A. G. part une tige de pissenlit, dont un chérubin disperse la fleur en soufflant. Sur une banderole on lit : *A tous vents je sème.* Signé : *Henry-André inv. del sc. 1893.* 100 × 78. (Collection de la Société des Collectionneurs d'Ex-libris.)

GERMAIN, à Lyon. — Un G. (Fer de reliure.)

GILLET (Stanislas), à Paris. — Un livre ouvert, sur lequel on voit, à gauche, le monogramme G. S. ; à droite, l'inscription : *In angulo cum libro.* Signé : *Stern Gr. à Paris.* 30 × 39. (*Arch. de la Société des Collectionneurs d'Ex-libris,* t. II.)

Fig. 30.

GIRARDIN (Émile de). — Inscription E. de G. en caractères romains. (Fer de reliure.)

GIVELET (Ch.), à Reims. — Chiffre C. G. dans un écu aux armes de Reims. Devise : *Remensia colui, mihi et amicis.* (Jadart, *Les bibliophiles rémois.*)

GOLL (Philippe), conseiller de préfecture à Blois, vers 1890. — Monogramme composé des lettres G. L. L. O. sur fond quadrillé, traversé verticalement par une flèche. En bas, le mot : *Ex-libris.* Signé : *René Wiener del.* 40 × 60. (Collection Ed. Engelmann.)

GONCOURT (Edmond et Jules de). — Une main tenant une pointe de graveur, dont deux doigts se posent sur les lettres E. et J. Signé : *Gavarni.* 63 × 54. (Collection L. Mar.)

GONZAGUE (Louis de), duc de Nivernais. — Monogramme composé d'un *Phy* grec et d'un H. (Fer de reliure.)

GONZAGUE (Louise-Marie de), reine de Pologne. — Monogramme L. M. surmonté d'une couronne royale. (*Arch. de la Société des Collectionneurs d'Ex-libris,* t. I.)

GOUJET (Abbé), bibliographe, XVIIIe siècle. — Un G majuscule romain azuré. 18 × 18. (Collection Wiggishoff.) (Fig. 29.)

GOUZIEN (Armand) — 1° Un amour jouant de différents instruments à la manière de l'homme-orchestre. Derrière lui, les lettres A. G. 68 × 41. (Collection Bouland.) — 2° Un amour jouant d'une harpe en forme d'A. Derrière lui, un G. Signé : *Hops.* 42 × 39. (Collection Bouland.)

GRASSOT, acteur du théâtre du Palais-Royal. — Portrait charge du titulaire coiffé d'un chapeau haute-forme et vêtu d'un talma (manteau court). Signé : *Gozo et un rat (Gozora).* 66 × 28. (Collection H. Masson.) (Fig. 30.)

GRESLÉ-ETEVENON (Henri). — Trois amours soulevant une draperie laissant voir les lettres H. G. enguirlandées de fleurs. Signé : *1880. P. Adolphe Varin sc.* 68 × 83. (Collection H. Masson.)

GRIMOD DE LA REYNIÈRE, littérateur, xviiiᵉ siècle. — Un médaillon dans lequel se voient les lettres G. L. R., et au-dessous : *Bibliothèque du château de Villiers-sur-Orge. 1ʳᵉ succursale champêtre du jury dégustateur.* 50 × 81. (Collection Bouland.)

GRUEL (Léon), relieur et éditeur à Paris. — Une grue déployant ses ailes auprès d'une presse de relieur marquée des lettres G. L. Entourage-jarretière portant l'inscription : *In labore fructus.* 52 × 37. (*Arch. de la Société des Collectionneurs d'Ex-libris*, t. II.)

GRUEL (Léon) et **ENGELMANN** (Edmond). — Deux hommes assis, séparés par une table ; celui de gauche lit, celui de droite parle. Au-dessus, un cartouche vide auquel sont suspendus deux autres portant les lettres gothiques G. et E. Cadre à entrelacs. 44 × 28. (*Arch. de la Société des Collectionneurs d'Ex-libris*, t. VI.)

GRUYER. — Un bateau sur la voile duquel on lit en quatre lignes, G — RU — Y — ER. Signé : *L. P. S.* 37 × 29. (Collection de la Société des Collectionneurs d'Ex-libris.)

GUILLON (P.), à Saint-Mandé. — Un G sur deux P affrontés et enlacés dans un cartouche à encadrement perlé, entouré de rubans et de draperies ; en bas, tête d'enfant et les mots : *Ex-libris nº* . 48 × 44. (Collection de Crauzat.)

GUYON DE SARDIÈRE (J.-B.-D.), bibliophile. (Bibliothèque vendue en 1759.) — Chiffre Louis XIV composé de deux G et de deux S enlacés, sommé d'une couronne de marquis. (Fer de reliure.)

HAGEMAN, libraire à Strasbourg. — 1º Blason de fantaisie surmonté d'une couronne murale

Fig. 31.

et entouré d'une banderole sur laquelle on lit : *Fe le mieulx que tu puez moll est corte la vie.* Au-dessous, les lettres E. H. 47 × 41. — 2º Le même, réduit 39 × 24. (*Arch. de la Société des Collectionneurs d'Ex-libris*, t. VIII.) (Fig. 31.)

HANOTAUX (Gabriel), de l'Académie française, ancien ministre. — Monogramme G. H. dans un cartouche surmonté des mots *Libro liber.* 57 × 40. (Collection Wiggishoff.)

HARLAY (Achille de). — Monogramme composé des lettres A. B. C. D. H. (Fer de reliure.)

HARRISSE (H.), bibliographe, à New-York et Paris. — Deux H croisées dans une médaille, dont la partie supérieure est entourée de guirlandes. Au-dessous, l'inscription : *Ex-libris Nov. Eborac.* 29 × 29. (Fer de reliure.) (Collection Bouland.)

HAVÉ (A.-J.), avocat à Reims. — Chiffre A. V. dans un écusson. (Jadart, *Les bibliophiles rémois.*)

HENIN (A.), orfèvre à Paris. — Une table chargée de livres devant une fenêtre ouverte qui porte les lettres A. H. Sur la table, un feuillet porte les mots : « *J'ai lu* » *Manuel* (*Les ouvriers*). Signé : *E. Valton. 1880.* 69 × 56. (Collection L. Mar.)

HENRI II, roi de France. — Monogrammes H. D. et H. D. D.

HENRI III, roi de France. — 1º Monogramme C. D. M. — 2º Tête de mort, tibias et larmes. — 3º Un squelette. (Fers de reliure.)

HENRY-ANDRÉ (André Schultz), dessinateur d'Ex-libris, à Paris. — Portrait du titulaire fumant une pipe, entouré des outils du dessinateur et du graveur, avec l'inscription : *Ex-libris meis.* Signé : *Henry-André inv. et Ch. Courtry aquaforti,* 1894. H. 127, L. 116. (Collection L. Mar.)

HEREDIA (Ricardo), comte de Benehavis. (Bibliothèque vendue à Paris, 1891-94. — Un médaillon rond dans lequel s'inscrit un monogramme composé des lettres H et I évidées et des lettres D. E. E. A. R. noires. Diam. 33ᵐᵐ. (Collection de Bizemont.)

HÉRISSÉ (G. d'), à Paris. — Lettre H formée de deux G se tournant le dos, et traversée par un caducée ; le tout supportant trois hérissons. Sur les jambages de l'H, on lit : *Plaisir passe labeur* 38. × 34. (Collection de La Perrière.)

HERLUISON (H.), conservateur des musées d'Orléans. — Un plat de reliure à compartiments ; au centre, vue d'une ville ; autour, trois blasons et une croix de la Légion d'honneur. Lettre H dans chacun des angles inférieurs. 50 × 37. (*Arch. de la Société des Collectionneurs d'Ex-libris*, t. IX.)

HERRENSCHMIDT (Charles), manufacturier, au Wacken, près Strasbourg. — 1° Monogramme gothique composé d'un C noir et d'un H rouge. 51 × 42. — 2° Le même, réduit. 26 × 19. (Collection Ed. Engelmann.)

HERRENSCHMIDT (L.-C.). — Un livre ouvert, présentant au verso les lettres C. H. L. surmontant une étoile, et au recto une pensée. Signé : *Stern Gr.* 46 × 52. (Collection Ed. Engelmann.)

HOFER (Jean), médecin à Mulhouse, xviiie siècle. — Lettres I. H., sous lesquelles plus petites lettres *M. D.* Au-dessous, petit médaillon portant une lettre qui varie. 110 × 76. (Collection Ed. Engelmann.)

HUET (E.), avocat à Orléans. — Une épée en pal, la pointe en haut, accostée, à gauche, d'une tige de lys, le tout traversé diagonalement par un drapeau formant une portée de musique ; en haut, couronne fleurdelysée ; en bas, lettres E. H. (*Arch. de la Société des Collectionneurs d'Ex-libris*, t. IX.)

HUMANN, fils du ministre des finances de Louis-Philippe. Une H à laquelle s'enroulent deux E adossés. Au-dessous, l'inscription : *Château de St Loup, près Decize (Nièvre)*. 58 × 40. (Bibliothèque nationale.)

N°

N°

Fig. 32.

JANE (O.). — Trois enfants cueillant des fruits ; auprès d'eux, un amour accorde un violon. Au-dessus, une petite pancarte portant les initiales O. J. En bas, la devise : *Inter folia fructus.* 44 × 49. (Collection L. Mar.)

JÉSUITES de Pont-à-Mousson. — 1° Portrait de saint Ignace, encadrement ovale. — 2° Portrait de saint François Xavier, même encadrement. (Fers.)

JOLIET (Henri), à Dijon. — Un cartouche dans lequel on voit les lettres B. C. H. I. M. dans un cadre ovale qui porte la devise ; *Plus penser que dire.* 37 × 00. (Collection Bouland.)

KASTNER-BOURSAULT (Albert). — Sur une tablette, un cahier de musique, une écritoire et un livre sur le plat duquel se voient les lettres A. B. K. enlacées. Signé : *L. M.* 38 × 67. (Collection de Bizemont.)

KOECHLIN (Rodolphe). — Chiffre K. R. dans un cartouche surmonté d'un petit écu portant une grappe de raisin. 44 × 33. (Collection de Crauzat.)

LABARTE (Charles-Jules), archéologue. — Un quadrilobe dans lequel s'inscrit un ange tenant deux écussons chargés, l'un de la lettre J, l'autre de la lettre L, gothiques 53 × 15. (Collection de Société des Collectionneurs d'Ex-libris.) (Fig. 32.)

LA BORDE (Marquis de), fermier général, guillotiné 1794. — Chiffre L. B. majuscules bâtardes dans un cartouche surmonté d'une couronne de marquis. (Fer de reliure.)

LA BORDERIE (de), archiviste, ancien député. — Dans un écusson soutenu par une moucheture d'hermine on voit un paysage. Un homme dans une barque s'approche d'une côte près de laquelle une tour porte le mot : *Armor.* Autour on lit : *Qui l'aborde rie.* 72 × 41. (Bibliothèque nationale.)

LABORIE, recteur de l'Académie de Strasbourg, 1822. — Dans un écu azuré entouré de branches de laurier et de palmier, se voit une lettre L majuscule cursive. Au-dessus, couronne de fleurs, encadrement ovale. 40 × 32. (Collection Ed. Engelmann.) (Fig. 33.)

LALANDE (André), avoué, bibliographe et numismate, à Valence. — Monogramme A. L. dans un cartouche surmonté de rameaux de laurier et sur lequel on lit la légende : *Fidelis est amicus liber*. 87 × 68. (Collection Bouland.) (Fig. 34.)

LAMORTE (Marius). — Trois livres dont l'un ouvert présente les lettres M. L. Autour, un homme nu, la Fortune et la Renommée puis une banderole portant la légende : *Tout pour eux, tout par eux*. 56 × 70. (Bibliothèque nationale.)

LANGELIER (Charles), libraire à Paris de 1535 à 1562. — Souvent associé à son frère Arnoul, sous la dénomination « Les Angeliers ». — 1° Dans un encadrement ovale le Christ debout tenant en laisse deux anges (anges liés) et la boule du monde. Initiales C. L. (Fer de reliure.) — 2° Même composition avec inscription : *Les anges liers*. (Fer de reliure.) (Collection Gruel.)

LAROCHE (Marie-Joseph-Paul). — Dans un encadrement circulaire à enroulements, portant les noms d'imprimeurs célèbres, une femme (la science), appuyée sur une presse d'imprimeur, foule aux pieds un homme à oreilles d'âne (l'ignorance). Au-dessus, petit portrait de *Gutemberg*. Au-dessous, monogramme L. M. P. 39 × 54. (Bibliothèque nationale.)

LASSALLE (V.), à Saint-Quentin. — Un homme en costume moyen-âge, lisant, entouré de livres, d'armes, etc. Une fenêtre ouverte laisse voir un jardin dans lequel un arbre est frappé de la foudre. En haut, l'inscription : *Talis nunc talis semper*. A droite, un écusson portant le monogramme L. V. Signé : *Wissaert*. 107 × 81. (Collection de Crauzat.)

Fig. 33.

LAUGIER, conservateur du Cabinet des médailles de Marseille. — 1° Un lion debout tenant un médaillon portant un monogramme composé des lettres A E G I L R U. 68 × 57. — 2° Le même monogramme complet dans une ornementation quadrilobée, faisant partie d'un tout circulaire entouré de perles. Diam. 77 × 77^{mm}. (Collection L. Mar.)

LE BARBIER DE TINAN. — Un satyre appuyé contre un arbre et debout sur une banderole portant la devise : *Faire sans dire*, tient un petit cartouche au chiffre M. T. 31 × 22. (Collection de Bizemont.)

LE BRUN (Ch.-Fr.), duc de Plaisance. — Chiffre B. L. dans un médaillon ovale entouré de fleurs. (Fer de reliure)

LE CLÈRE (Ch.), à Reims. — Monogramme C. H. L. dans une jarretière qui porte la légende *Avecque le temps*. 32 × 22. (Collection de Crauzat.)

LECOQ (Georges), avocat à Amiens. — Un arbre auquel est suspendu un écu portant le monogramme G. L. : au-dessus, une banderole avec la légende : *Suum cuique tribuere*. Au fond, vue d'une ville. 50 × 39. (Collection Wiggishoff.)

LE DRU, dit **Comus**, médecin et physicien, grand-père de Ledru-Rollin. — Les lettres D. L. enlacées, entourées de deux branches de laurier. 58 × 52. (Collection de Sartorio.) (Fig. 35.)

LÉON-DUFOUR (Élie), à Saint-Justin-de-Marsan. — 1° Buste de femme ayant des ailes au lieu de bras. Au-dessous, la légende : *Lux regnabit*. Signé : *E. Rocher*. 80 × 64. — 2° Le même. 38 × 30. (Collection Wiggishoff.)

LE PAPPE DE TREVERN, évêque de Strasbourg. — Une ligne : I. F. M. Évêque de Strasbourg. Cadre rectangulaire. 27 × 58. (*Arch. de la Société des Collectionneurs d'Ex-libris*, t. VIII.)

LÉPINE littérateur. — Sur un champ azuré, un médaillon ovale portant la lettre L. L. 39 × 39. (Collection Bouland.)

LE PROUX. — Écusson azuré dans lequel un navire présente sa proue, dans un cartouche d'ornement Louis XIV. Signé : *E. A.* 92 × 62. (Collection de Crauzat.)

LE ROY (**Albert**). — Grand monogramme C. S. sur lequel broche une couronne fermée : en haut, à droite, un amour ; en bas, les lettres A. B. E. H. L. R. T. Signé : *Le Roy, Al.* 36 × 31. (Collection de Crauzat.)

LE ROY (**Placide**), à Orléans. — Chiffre L. P. dans un encadrement rocaille complété par deux amours dont l'un tient un livre ouvert où se lit : *Ex-libris*, et l'autre décoche une flèche. 76 × 67. (Collection de la Société des Collectionneurs d'Ex-libris.)

Fig. 35.

LE SAGE. — Monogramme F. L. S. dans un cartouche Louis XVI, surmonté d'une couronne de comte. 78 × 53. (Bibliothèque nationale.)

LE SIEUR (**F.**). — Grand monogramme F. L. S.' dans un cartouche Louis XVI entouré par une guirlande de fleurs et sommé d'une couronne de comte. 81 × 52. (Collection L. Mar.)

Fig. 34.

LE SOUEF (**Auguste**). — Dans une bibliothèque, un homme lisant debout sur une échelle, tient un livre entre ses genoux. 8 × 5.

C'est peut-être le plus petit Ex-libris. (Bibliothèque nationale.)

LEVRAULT (**Jean-Baptiste**), imprimeur-libraire, à Strasbourg. — Étiquette portant l'inscription J. B. L., et au-dessous, N°. — 29 × 23. (Collection Ed. Engelmann.)

LIÈVRE (Édouard). — Chiffre E. L. dans un cartouche derrière lequel se croisent une plume d'oie et un porte-crayon avec une banderole portant les mots : *Optima propagare.* 44 × 49. (Bibliothèque nationale.)

LIOTARD (Charles), secrétaire perpétuel de l'Académie de Nîmes. — Petite étiquette ronde en papier rouge estampé portant les lettres C. L. entourées de la devise : *Ne quid nimis.* Diam. 15ᵐᵐ. (Collection Dʳ Bouland.)

LONGEPIERRE (H.-B de Requeleyne, baron de), bibliophile. xviiᵉ siècle. — Insigne de la Toison d'or. (Fer de reliure.)

LORMIER (Charles), de Rouen. (Bibliothèque vendue à Paris, 1901-1903.) — Un écu aux armes de Rouen surmonté d'un monogramme composé des lettres E I L M O R R, surmonté d'un C et d'une croix, le tout dans un cadre ogival portant la devise : *Vita sine litteris mors est,* 43 × 30. — Autre. Cartouche ovale portant le monogramme C. L. R. surmonté d'une croix. Même devise. 22 × 18. (Collection de Crauzat.)

Fig. 36.   Fig. 37.   Fig. 38.   Fig. 39.

LORRAINE (Claude de), duc de Guise. — Deux C majuscules romains adossés et enlacés, et deux *lambda* grecs minuscules alternés disposés en semis. (Fer de reliure.)

LORRAINE (Henriette de). — Lettres majuscules romaines H. D. L. se suivant, alternées en semis avec des croix de Lorraine. (Fer de reliure.)

LORRAINE (Louise de), veuve du roi Henri III. — Un soleil rayonnant au-dessous duquel voltigent des chérubins. Autour, la devise : *Splendor ad uno tantus.* (Fer de reliure.)

LORRAINE (Renée de). — Deux R majuscules romaines, affrontées et enlacées, alternées en semis avec des croix de Lorraine. (Fer de reliure.)

LOTH (L'abbé J.-E.-J.), curé de Saint-Maclou de Rouen. — Une église gothique. Au-dessus, la devise : *Quidquid latet apparebit.* En bas, les lettres J. L. séparées par un cartouche portant le monogramme M. S. Signé : *Jules Adeline, Rouen 1896.* 110 × 65. (Collection H. Masson.)

LOUIS XII, roi de France. — Abeilles et roses en semis. (Fer de reliure.)

LOUIS XIV, roi de France, et **MARIE-THÉRÈSE,** son épouse. — 1º Monogramme L L M T T sommé d'une couronne fleurdelysée. — 2º Deux L affrontées et enlacées, avec ou sans fleur de lys entre les deux. (Fers de reliure.)

LOUIS-PHILIPPE Iᵉʳ, roi des Français. — 1º Chiffre L. P. sommé d'une couronne royale. — 2º Lettres L. P. se suivant, sommées d'une couronne royale. (Fers de reliure.)

LURDE (Comte de). — Chiffre double A. L. sommé d'une couronne de comte. (Fer de reliure.) (Fig. 36 à 39.)

Fig. 40.

MACKAU (de). — Une ancre devant laquelle se croisent deux bâtons de maréchal, le tout encadré d'un ruban noué en bas et portant les mots : *Fais ce que dois, advienne que pourra.* 47 × 33. (Bibliothèque nationale.)

MADDEN (J.-P.-A.), bibliographe. † à Versailles. (Bibliothèque vendue en 1890.) — Un homme manœuvrant un pressoir. En haut, légende : *Torcular calcavi solus.* Signé : *Lacoste.* 60 × 44. (Collection H. Masson.)

MAILLART (Adrien), avocat au Parlement de Paris. (Bibliothèque vendue en 1743.) — Chiffre A. M. Au-dessous, un canard nageant ; le tout dans un filet circulaire. Diam. 33ᵐᵐ. (*Arch. de la Société des Collectionneurs d'Ex-libris,* t. VI.) (Fig. 40.)

MAINE (Anne-Louise de Bourbon, duchessse du). — Abeilles volant autour d'une ruche. Au-dessus, la devise : *Piccola si ma fa pur gravi le ferite.* (Fer de reliure.)

MAINSONNAT (Gilbert), xviiie siècle. — Chiffre G. G. M. sommé d'une couronne fleurie et soutenu de deux palmes liées. Double filet. 83 × 53. (Collection de Vismes.) (Fig. 41.)

MALDEN (Comte Paul de). — Monogramme M. P. sommé d'une couronne de comte. (Fer de reliure.)

MARC (Henri), membre de la commission des antiquités de la Côte-d'Or. — Dans un cartouche rocaille flanqué d'épis et de feuilles de vignes, un lion ailé (lion de Saint-Marc), les pattes posées sur un livre ouvert où se lisent les lettres H. M. 59 × 75. (Collection Wiggishoff.)

Fig. 41.

MARÉCHAUX (Tribunal des). — Couronne croisée d'un bâton de maréchal et d'une épée accompagnés de trois fleurs de lys. (Fer de reliure.)

MARIE-LOUISE (L'impératrice). Chiffre L. M. fleuronné sommé d'une couronne fermée. 47 × 30. (Fer de reliure.) (*Arch. de la Société des Collectionneurs d'Ex-libris.*)

MARIE-THÉRÈSE, femme de Louis XIV. — Monogramme M T entre deux palmes et surmonté d'une couronne royale fleurdelysée. (Fer de reliure.)

MARSEILLE (Chartreuse de). — Monogramme composé des lettres A C E I L M N R S T V (qui donnent les mots : *Cartusia Massiliensis*). Au-dessus, une croix, au-dessous, deux clés en sautoir, encadrement circulaire. (Fer de reliure.) (*Arch. de la Société des Collectionneurs d'Ex-libris*, t. II.)

MARTEAU (Victor), manufacturier à Reims. — Un livre fermé et debout. Sur le plat, les initiales V. M. Un amour assis sur la tête du livre tient un marteau ; autour, attributs des sciences et de l'industrie ; au fond, cheminées d'usine. Signé : *Leloir, L. Ruel, sc.* 56 × 51. (Collection Wiggishoff.)

MARTIN (Alexis), homme de lettres, à Paris. — Monogramme formé des lettres A I M N R T. 9 × 10. Timbre. (Collection Wiggishoff.)

MARTIN (R.). — Une femme nue, couchée sur des livres et lisant ; l'un des livres ouvert porte le monogramme M. R. et la légende : *Legere et eligere*. En haut, à droite, monogramme B. D. 66 × 49. (Collection Aglaüs Bouvenne.)

MARTIN DU NORD. — Vieille sculpture ovale ; au centre, les lettres gothiques M. N. et inscription : *Bréau. Bibliothèque.* Signé : *Hirsch, graveur, Paris.* 78 × 72. (Collection de Bizemont.)

MATHURINS (Couvent des), à Paris. — Une croix pattée. (Fer de reliure.)

MAUREPAS (J.-F. Phélypeaux, comte de). — Chiffre C. C. M. sommé d'une couronne de comte. (Fer de reliure.)

MAURICE (Charles-François), littérateur. † 1869. — Un écu français dans lequel s'inscrit un monogramme composé des lettres A C E I M R V. Au-dessus, sur une banderole, la devise : *Nunc nox mox lux.* 31 × 31. (Collection Wiggishoff.)

MÉDICIS (Marie de). — Semis de deux M, dont l'une inversée, enlacées.

MEHL (Charles), bibliographe alsacien. (Bibliothèque vendue en 1898.) — Une femme debout, les bras posés sur une pierre rustique portant un sixain intitulé : *A mes livres.* En haut, les initiales Ch. M. 70 × 51. (Collection L. Mar.)

MÉRARD SAINT-JUST. — Chiffre fleuronné, composé des lettres M. S. J., sommé d'une couronne également fleuronnée. (Fer de reliure.)

Fig. 42.

MESMES (Le président de). — Chiffre D. M. et couronne ducale, entourés des colliers de Saint-Michel et du Saint-Esprit.

MESSIER (Charles), astronome, 1730-1817. Il habita l'hôtel de Cluny, à Paris, pendant cinquante ans. — Monogramme composé des lettres E E I M R S S. Au-dessous, l'inscription *Astron. de la mar. de l'Ac. R. des sc., etc., 1782.* Quatre dimensions. Diam. 42, 34, 28 et 25mm. (Collection L. Mar.)

MIDY (J.-B.). xviiie siècle. — Chiffre composé d'une M et des lettres doubles B. J., dans un cartouche Louis XV surmonté d'une couronne de marquis. 107 × 71.

MINIMES, Paris. — Le mot *Charitas* en trois lignes dans un cadre ovale flamboyant. (Fer de reliure.)

MISSIONS ÉTRANGÈRES (Séminaire des). — 1° Lettres M E accolées, l'M surmontée d'une croix pattée. (Fer de reliure.) — 2° Lettres M E accolées, surmontées d'une croix latine dans un encadrement représentant un temple chinois. (Fer de reliure.) (Fig. 42.)

Fig. 43.

MOHR (Louis), auteur d'une *Bibliographie des Ana.*, 1882. — 1° Chiffre L M dans un médaillon à fond criblé. Diam. 26mm. (Fig. 43.) — 2° Huit amours entourés de livres et d'une presse d'imprimerie, dont les uns supportent un monogramme composé des lettres M O H R et un livre sur lequel on lit :

Tel est le triste sort,
De tout livre prêté.
Souvent il est perdu,
Toujours il est gâté.

NODIER.

Signé : *C.-E. Matthis.* 90 × 58. (Collection Ed. Engelmann.)

MOLÉ (Claude). XVIIe siècle. — Quatre C disposés en croix et contribuant à former une M majuscule. (Fer de reliure.)

MOLINIÉ (Alfred), imprimeur. — Une lettre M antique supporte un A ; dans les blancs de l'M, à gauche, un moulin ; à droite, une presse d'imprimerie ; entre les jambages de l'A, blason de la corporation des imprimeurs. 71 × 47. (*Arch. de la Société des Collectionneurs d'Ex-libris,* t. IV.)

MONNIER (Ant.), graveur à Paris. — Trois amours, deux d'entre eux tiennent un feuillet sur lequel se voit une tête de mort posée sur un livre et surmontée d'un papillon. Au-dessus, les mots : *Ex-libris* A M. 62 × 74. (Collection de la Société des Collectionneurs d'Ex-libris.)

Fig. 44.

MONTAIGLON (Anatole de), archéologue. et bibliographe. — Monogramme composé des lettres A M enlacées et d'un petit D dans une banderole circulaire terminée en bas par quatre cordons enlacés, terminés par des houppes et portant en lettres gothiques : *De. jour. en . jour. en . apprenant. mourant.* 68 × 53. (Collection Wiggishoff.) (Fig. 44.)

MONTALIVET (J.-P. Bachasson de). — Monogramme B M sommé d'une couronne d'étoiles (Fer de reliure.)

MONTBAZON (Marie de). — Semis de fleurs de lys et de mouchetures d'hermine. (Fer de reliure.)

Fig. 45.

MONTPENSIER (Antoine, duc de), fils du roi Louis-Philippe. — Chiffre A O sommé d'une couronne ducale dont le bandeau est entouré de feuilles de chêne. (Fer de reliure.) 78 × 53.

MOREAU (C.), auteur de la *Bibliographie des Mazarinades.* — Sur un livre fermé est posée une feuille de papier sur laquelle une fourmi écrit. (*Arch. de la Société des Collectionneurs d'Ex-libris,* t. V.) (Fig. 45.)

MOREAU-NÉLATON (Étienne), artiste peintre à Paris. — Monogramme composé des lettres E M N se détachant en blanc sur un fond noir dans un encadrement ogival qui porte la devise : *Beaucoup de bien peu de bruit.* 46 × 34. (Collection Wiggishoff.)

MOREL, bibliophile à Lyon. — Une colonne devant laquelle est un écusson portant une tête de *mort* flanquée de deux *ailes*. Sur le sol, des livres d'auteurs lyonnais ; on lit sur une banderole coupée par l'écusson : *Par nous malgré* (elle) *la* (mort) *revit*. Signé : *A. Steyert, inv. et des. Brun. gr.* 62 × 81. (Collection Wiggishoff.)

MORELLET (**L'abbé André**), de l'Académie française. 1727-1819. — Chiffre A M entouré des mots : *Veritas omnia vincit* dans un cercle enrubanné avec branches de laurier. 26 × 43. (Collection H. Masson.)

MORIN (**Alfred**), à Paris. — Une tablette supportant une lampe et des livres dont l'un est ouvert et montre sur les deux pages les lettres A M. Au-dessus, l'inscription : *Aux livres je dois tout. Manuel* (*Les ouvriers*). Signé : *E. Valton.* 85 × 55. (Collection L. Mar.)

MORNAY (**Philippe de**). — Un Phy grec entre deux C affrontés. (Fer de reliure.)

MOTTELEY (**Ch.**), bibliophile et bibliographe. — Dans un portique formé par des livres, une feuille de papier déroulée montre l'inscription : *Ex-libris J. C. M.* Signé : *F. Perry* 56 × 59. (Bibliothèque nationale.)

MOYE (**Mme Marie**). — Une femme nue, nimbée par les mots : *Sainte littérature*, tient embrassée une plume d'oie. Au-dessous, sur une banderole : *Bibliothèque particulière de Mme M. M.* (*Jean d'Arc*). Signé : *Henry-André.* 100 × 68. (Bibliothèque nationale.)

MOYNEL (**Mme Gabrielle**). — Dans un cadre en losange, un portrait de femme entouré de banderoles figurant un G et une M et portant la légende : *Ce volume est à moi, comme Paris au Roi.* Signé : *Henry-André.* 84 × 84. (Bibliothèque nationale.)

MUNTZ (**Théobald**), pasteur à Mulhouse, 1757. — Lettres T. M. dans un cœur surmonté d'un autre cœur plus petit. 20 × 21. (Collection Ed. Engelmann.) (Fig. 46.)

Fig. 46.

MURAT (**Prince J.**). — Lettre M sommée d'une couronne royale. (Fer de reliure.)

MURAT (**Prince Lucien**). — Lettres L M dans un écu ogival sommé d'une couronne fermée, de forme élevée et entouré de deux branches de laurier. (Fer de reliure.)

MURAT (**Caroline**), reine de Naples. — 1° Lettres B. R. surmontées d'une couronne à cinq pointes, entourées d'un double filet circulaire. Diam. 26^mm. — 2° Un C orné sommé d'une couronne royale de forme élevée (Fers de reliure.)

MUSSET-DEPATAY (**Victor et Louise de**). — Une fenêtre dont la jalousie a des lames brisées et qui laissent voir un écu azuré dans lequel se trouve un oiseau. 65 × 52.

   Cet Ex-libris porte les noms, mais le bas de la pièce où ils se trouvent est souvent coupé. (Bibliothèque nationale.)

NADAILLAC (**Félicie Delessert, comtesse de**). — Une mélusine issant d'une couronne de comte. Encadrement formé d'un ruban portant les mots : *Virtus in hæredes.* 26 × 30. (Bibliothèque nationale.)

NADAR (**Félix Tournachon, dit**), littérateur, dessinateur, aéronaute et photographe à Paris. — Lettre N fulgurante traversée par une banderole portant l'inscription : *Quand même!* Filet rectangulaire. 51 × 51. (Bibliothèque nationale.)

NANTES (**Nouvelle chambre de lecture de**), vers 1790. — Dans un cartouche Louis XVI surmonté d'un soleil et accompagné des attributs des arts, des sciences et du commerce, est un écu chargé d'un vaisseau, coupé d'un chef portant les lettres majuscules bâtardes N. C. L. 95 × 69. (Collection Ed. Engelmann.) (Voir fig. 47, planche hors texte.)

NAPOLÉON III (**L'empereur**). — Une N dont le jambage intérieur est traversé par un I, lequel avec les jambages extérieurs forme le chiffre III. Au-dessus, couronne impériale. (Fer de reliure.)

NATIER (**Dr M.**), à Paris. — Chiffre M N sur un cartouche Louis XV, supporté par deux lions et sommé d'une couronne de fleurs. Signé : *Revellat, 25, quai des Grands-Augustins.* 62 × 60. (Collection de Bizemont.)

NAUD (**C.**), libraire. — Une femme assise et lisant entre deux arbres auxquels est suspendu un tableau rectangulaire portant le monogramme C. N. Signé : *C. Ruty.* 66 × 48. (Collection de Crauzat.)

Page 47.

NAVARRE (Collège de), à Paris. — Monogramme double composé des lettres C N R (*collegium regium navarræ*), accompagné d'une couronne royale et d'une fleur de lys ; le tout entre deux palmes. (*Arch. de la Société des Collectionneurs d'Ex-libris*, t. II.)

NOÉ (Comtesse de). — L'arche de Noé sur les eaux ; à gauche, petit écusson portant le monogramme E. N. O. A droite, légende : *Post diluvium primus sum*. 42 × 31. (Collection L. Mar.)

NOTRE-DAME-SAINT-LOUIS (Église). — La Religion, sous la figure d'une femme assise sur des nuages, tient de la main droite, un calice et de la gauche un livre fermé sur lequel est écrit : *Bibliothèque paroissiale de N.-Dame St Louis*. 10 × 72.

Bien que cet Ex-libris ne soit pas anonyme il est peut-être nécessaire d'indiquer que cette église est aujourd'hui l'église Saint-Vincent de Lyon. (*Arch. de la Société des Collectionneurs d'Ex-libris*, t. IX.)

ODIOT (Ernest), à Paris. — Chiffre double E. O. surmonté d'une étoile. 20 × 16. (Collection H. Masson.)

Fig. 48.

ORATOIRE (Prêtres de l'), à Paris. — Les mots *Jésus, Maria*, sur deux lignes, au centre d'une couronne d'épines. (Fer de reliure.)

ORLÉANS (Gaston d'), frère de Louis XIII. — Deux G enlacés surmontés d'une couronne ducale ou d'une fleur de lys. (Fer de reliure.)

ORLÉANS (Philippe, duc d'), frère de Louis XIV. — Deux P, majuscules bâtardes, ornés de palmes, affrontés et enlacés, surmontés d'une couronne fleurdelysée. (Fer de reliure.)

ORLÉANS (Philippe, duc d'), le Régent. — Deux P romains se suivant mais enlacés, sommés d'une couronne fleurdelysée. (Fer de reliure.)

ORLÉANS (Ferdinand-Philippe, duc d'), fils du roi Louis-Philippe. — 1° Lettres gothiques F. O. se suivant, dans une couronne de chêne et laurier, sommée d'une couronne ducale. (Fer de reliure.) — 2° Chiffre composé des lettres F. O. P. surmonté d'une couronne fermée dont le bandeau est entourée de feuilles de chêne. (Fer de reliure.) (Collection Ed. Engelmann.).

ORLÉANS (Hélène-Louise-Élisabeth de Mecklembourg, duchesse d'), femme du précédent. — Chiffre E. H. L. surmonté d'une couronne fermée dont le bandeau est entouré de feuilles de chêne. (Fer de reliure.) (*Arch. de la Société des Collectionneurs d'Ex-libris*, t. IV.) (Fig. 48.)

PAILLET (Eugène), avocat et président de la Société des *Amis des livres*. — Dans un médaillon ogival, à fond quadrillé, un hibou surmonté de l'inscription : *Ex-libris Eugène Paillet*, en caractères grecs, ce qui le rend quasi anonyme. 32 × 19. (Collection Wiggishoff.)

PATAY (Adolphe). — Les cinq lettres du nom, les quatre dernières contenues dans la première, et au-dessous, le prénom. Encadrement portant l'inscription : *Bibliothèque d'un curieux.* 40 × 53. (Bibliothèque nationale.)

PAUL. — Monogramme A. L. P. dans un écu azuré. En haut, une banderole sur laquelle on lit : *Lucem ex tenebris.* 44 × 58. (Bibliothèque nationale.)

PEARL (Cora), célèbre demi-mondaine à la fin du second empire. — Monogramme formé de deux C encadrant une tête de cheval. Autour, banderole portant la légende : *Parcere subjectis et debellare superbos.* (Fer de reliure.) *Arch. de la Société des Collectionneurs d'Ex-libris,* t. II.) (Fig. 49.)

PEIRESC (N.-C. Fabri de), archéologue et bibliophile. † 1637. — Monogramme composé des lettres grecques, *cappa, nu et phy.* (Fer de reliure.) (Collection Wiggishoff.)

PELAY (Édouard), à Rouen. — 1° Un squelette assis sur des livres et tenant les lettres E. P. Devant lui, un carton à dessins portant un monogramme composé des lettres A. E. L. P. Y. En haut, une banderole portant la devise : *Querite et invenietis.* Signé : *Jules Adeline inv. et sculp.* 76 × 45. (Collection L. Mar.) — 2° Monogramme composé des lettres E. P. et du chiffre 4 sur un cartouche inscrit dans un cadre ovale portant la devise : *Querite et invenietis* ; le tout dans un cartouche à enroulements et branches de lauriers orné en bas d'un écusson aux armes de Rouen. Signé : *D. C.* 40 × 37. (Collection Wiggishoff.)

Fig. 49.

PELLETAN (Édouard), éditeur à Paris. — Une femme tenant un livre ouvert. Derrière elle, deux médaillons représentant Alb. Durer et Rob. Estienne, au-dessous desquels un cartouche porte le monogramme E. P. 64 × 59 et 50 × 47. (Collection de Crauzat.)

PELLIER (J.). — Un saint Michel à cheval dirigeant sa lance à défaut de dragon, sur un écusson posé à terre et portant les lettres J. P. 63 × 49. (Collection Bouland.)

PELLION (P.-Guy), bibliophile. (Bibliothèque vendue en 1882.) — Écu de fantaisie. D'azur, au lion d'argent portant un P, au chef d'or chargé de trois besants. (Fer de reliure.)

PÉNITENTS DE NAZARETH, de Paris. — Inscription : *Conv. Nazar.* dans un cadre ovale en largeur. (Fer de reliure.)

PÉPIN-LEHALLEUR, à Paris. — Chiffre P. L. dans un ovale formé par une banderole portant les mots : *Non verba sed res.* Au-dessus, un tortil surmonté d'une tête de loup. 49 × 72. (Bibliothèque nationale.)

PETIT (Ernest), à Vausse (Yonne). — Sceau ogival. Au centre, un saint ; autour, l'inscription : *S. Ecclesia de Vaucia.* (Fer de reliure.)

L'Ex-libris du même est nominatif, avec l'inscription fautive : *Ex-liblris.*

PIAT (Alfred), bibliophile à Paris. (Bibliothèque vendue 1878-1879.) — 1° Un livre ouvert portant sur le feuillet recto un monogramme composé des lettres A. I. P. T. ; au-dessous, des ruines et des ossements, et une banderole portant la devise : *Libro liber.* Signé : *Stern graveur.* 52 × 52. — 2° Le même, suivi de quatorze vers signés Alfred Piat, avec deux livres formant cul-de-lampe. 101 × 52. (*Arch. de la Société des Collectionneurs d'Ex-libris,* t. V.) — 3° La même composition augmentée et quelque peu différente, et dont la pièce de vers fait partie intégrante. Tirage en couleurs.

PICHON (Le baron), bibliophile à Paris. (Bibliothèque vendue en 1869, 1897 et 1898. — 1° Chiffre J. J. P. P. surmonté d'une couronne de comte. (Fer de reliure.) (*Arch. de la Société des Collectionneurs d'Ex-libris*, t. V.) (Fig. 50.) — 2° Dans un encadrement ovale garni, en haut, de fleurs, on lit : *Memor fui dierum antiquorum*. Ps. CXLII. (Fer de reliure.) (Fig. 51.) (*Arch. de la Société des Collectionneurs d'Ex-libris*, t. V.)

PICHOT (P.-A.). — Un oiseau volant et ayant aux pattes des restes de liens, dans un encadrement circulaire portant les lettres A. P. et le mot *Resurgam*, le tout sommé d'un chaperon de faucon. 43 × 26. (Bibliothèque nationale.)

Fig. 50.

Fig. 51.

PIET (Alfred). (Bibliothèque vendue à Paris, 1891 et 1902.) — Dans un cartouche rocaille appuyé sur divers attributs des sciences et des arts et surmonté d'une tête de Minerve, se voit le chiffre A. P. Signé : *Alf. Piet, inv. et del. Gaujean sculp.* 55 × 44.

PINCEBOURDE (René), libraire-éditeur à Paris. — Dans un jardin, une femme nue, debout sur une tortue, tient, au-dessus de sa tête, une banderole sur laquelle on lit : *Crescit eundo.* Sur le sol, des livres, dont l'un porte le nom *René Pincebourde* et un autre la signature : *Thiriez.* 130 × 87. (Collection Aglaüs Bouvenne.)

PINSON (Paul). — Deux P adossés dans un cartouche se terminant en haut par deux têtes de lions entre lesquelles un oiseau (pinson) sautille sur une branche. Signé : *A. F. sc. Robert et Lepage Grs Douai.* 40 × 40. (Collection L. Mar.)

Fig. 52.

PIOGEY (Dr), à Paris. — Un écusson surmonté d'une tête d'Esculape, et portant les lettres G. P. Au-dessous, banderole avec les mots : *Nihil humani a me alienum.* 39 × 29. (Collection de Crauzat.)

PLESSIS (Collège du), à Paris. — Monogramme composé des lettres P. S., fleuronnées. (Fer de reliure.)

POCHET (G.), négociant en verreries, à Paris. — Une femme en costume de baigneuse est assise sur la marge supérieure d'un grand livre debout, qui porte sur le plat recto le monogramme G. P., et sur le dos l'inscription : *Quien vale mas?* 60 × 35. (*Arch. de la Société des Collectionneurs d'Ex-libris*, t. IV.) (Fig. 52.)

POINAT (J.-P.), à Paris. — Une fenêtre gothique laissant voir l'intérieur d'une bibliothèque. A gauche, vue de Paris et monogramme J.-P. Au-dessous, l'inscription : *Les prester c'est ne les reveoir plus.* 77 × 62. (Collection Wiggishoff.)

POIRET (Charles-Louis), à Paris. — Table de travail ; devant, sur un pupitre, un livre ouvert, dont un feuillet porte : *Ex-libris*, et l'autre le monogramme C. L. P. Au-dessous, la devise : *Castigans libro pœnas*. 92 × 58. (Collection L. Mar.)

POITIERS (Diane de). — 1° Un enfant tenant une voile. — 2° Un vase enflammé. (Fers de reliure.)

POLLIART (L.), à Reims. — Monogramme L. P. surmonté d'un casque avec lambrequins et entouré des mots : *Me sont fidesles compaignons*. Signé : *Stern*. 61 × 41. (Collection Quantin.)

POLVET (de), banquier à Autun. — Écu azuré portant le monogramme A. P. Au-dessus, une banderole passant derrière une fleur de lys, avec la devise : *Lucem ex tenebris*. 63 × 50. (Collection L. Mar.)

POMPADOUR (J.-A. Poisson, marquise de). (Pour son château de Crécy-en-Brie.) — Un cartouche Louis XV contenant le mot *Crécy*. Double filet rectangulaire. 40 × 34. (Collection L. Mar.)

PONTILLY (de). — Lettres A. P. ornées de rocailles et de guirlandes de fleurs sur un piédestal. Deux amours, dont l'un souffle dans une trompette. Signé : *G. Huot à Paris*. 53 × 52. (Collection de Bizemont.)

POTIN (Émile), secrétaire de la Société historique d'Auteuil-Passy. — Vue du Palais-Bourbon, vers lequel vole une plume d'oie sur laquelle on lit : *Altoliensis*. Cadre rectangulaire aux angles en quart de cercles abattus. Inscription en caractères sténographiques. Signé : *L. Mar del*. 50 × 80. (*Arch. de la Société des Collectionneurs d'Ex-libris*, t. III.)

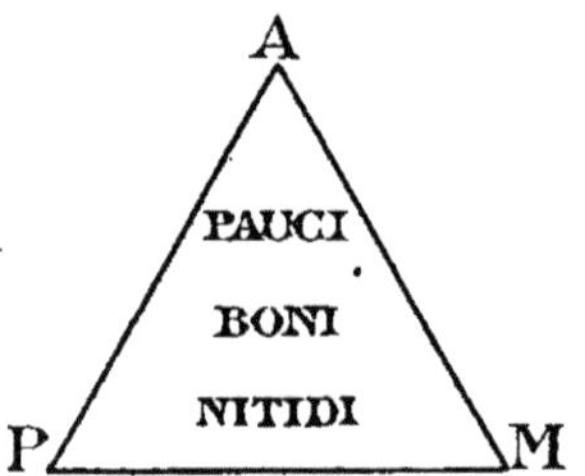

Fig. 53.

POUCHET (D^r). — Minerve debout, tenant une lance et une lampe ; devant elle, un cartouche portant la lettre P, et entouré de livres, d'un crâne, etc. En haut, l'inscription : *Quæsitu experimento veritas*. 85 × 70. (Collection de Crauzat.)

POULET-MALASSIS (A.), libraire et littérateur, auteur, en 1874, du premier ouvrage français sur *Les Ex-libris*. — 1° Les mots *Je l'ai* (en ronde), dont l'L, très grande majuscule, enveloppe un livre ouvert. Autour, les lettres A. P. M. disposées en triangle. 63 × 59. — 2° Un triangle portant aux angles les lettres A. P. M. et à l'intérieur les mots : *Pauci. Boni. Nitidi*. (Fer de reliure.) Fig. 53. (*Arch. de la Société des Collectionneurs d'Ex-libris*, t. VI.)

POULLIER-KETELE (Mme M.), à Lille. — Une femme, une main sur un livre et tenant de l'autre un sablier qu'elle regarde. Dans les angles supérieurs, le monogramme K. P. En bas, la devise : *Tout passe le livre reste*. Signé *H. Galy*. 48 × 30. (Collection H. Masson.)

PRÉVOT (Ed.-R.). — Cartouche ovale surmonté d'un casque et sur lequel on lit l'inscription : *Ex bibliotheca E. P. R*. 110 × 77. (Collection Bouland.)

PSICHARI (J.), directeur de l'École des Hautes Études, gendre de Renan. — Une médaille présentant une tête de guerrier. Autour, l'inscription : *De la bibliothèque A. Psichari*, en caractères grecs. 60 × 57. (Collection de Bizemont.)

QUANTIN (A.), imprimeur-libraire à Paris. — Dans un cartouche flanqué d'un homme et d'une femme tenant une guirlande de fruits et de feuillages, un livre ouvert portant les lettres A. Q. Au-dessus, un flambeau et la légende : *Libro liber*. Au-dessous, petit monogramme C. P. (Claudius Popelin). 74 × 58. — Le même. 30 × 25. (Collection Wiggishoff.)

QUANTIN (Léon), bibliophile et numismate. — Une médaille sur laquelle se voit un écu, avec casque et lambrequins, et qui renferme les lettres gothiques minuscules *g. l. q*.

Au dessous, des foudres ; autour, la légende : *Sçavant ne puis curieux suis.* MDCCCXCIIII Signé : *Henry-André*, 1894. Diam. 69ᵐᵐ. (*Arch. de la Société des Collectionneurs d'Ex-libris*, t. II.)

RACHEL (**Mˡˡᵉ**), la grande tragédienne. — La lettre R sur un champ azuré dans une jarretière portant l'inscription : *Tout ou rien.* 43 × 36. (Collection H. Masson.)

RADIGUET, opticien-électricien à Paris. — Monogramme composé des lettres A. D. E. G. I. R. T. U., surmonté des mots : *Ex-libris.* Au-dessus, la devise : *Omnibus non sibi.* 35 × 25. (*Arch. de la Société des Collectionneurs d'Ex-libris*, t. V.)

RAPHANEL (**Jean**), directeur du journal *La Revue critique et musicale.* — Un petit abbé de cour tient un face-à-main ; en haut, trois masques ; en bas, lyre et cahier de musique. Sur une banderole : *Ex-libris abbé de Chazeuil* (pseudonyme du titulaire). *Dis ce que tu penses.* 98 × 58. (Collection de Bizemont.)

RÉCOLETTES de Saint-Marcel, à Paris. — Écusson flamboyant ovale en hauteur. Lettres M surmontée d'un *Alpha* grec. Au-dessous, un cœur et trois clous ; le tout entouré d'une cordelière. (Fer de reliure.)

RÉMUSAT (**P. de**), — Vue d'un château occupant le centre d'un cartouche Louis XVI, avec l'inscription : *Bibliothèque de Lafitte.* Dans la partie supérieure, la lettre R. Signé : *Agry gr. Paris.* 70 × 52. (Collection de Bizemont.)

Le château de Lafitte est situé dans la Haute-Garonne.

Fig. 54.

REVELLAT, graveur à Paris. — Un homme et une femme, debout, supportent un cartouche portant le monogramme E. R. ; au-dessous, un lion couché ; le tout sur un soubassement orné d'un écu vide sommé d'une couronne murale. 50 × 55. (Collection de Crauzat.)

RIGAUD (**Amédée**), agent de change à Paris. (Bibliothèque vendue en 1874.) — 1° Étiquette circulaire imprimée en or sur fond noir. Lettre R avec devise : *Bona fide sine fraude.* Diam. 25ᵐᵐ. — 2° Chiffre double A. R., les R affrontés, dans un filet ovale. 23 × 19. — 3° Même disposition de grandeur double. (Fer de reliure.)

ROBERT (**J.**). — Une table portant des livres et un encrier, et au pied de laquelle est appuyé un carton à dessin sur lequel on lit l'inscription : *Ex-libris J. R.* Le tout dans une jarretière portant la légende : *Longævi et longinqui studium.* 57 × 48. (*Arch. de la Société des Collectionneurs d'Ex-libris.*) (Fig. 54.)

ROGER DU NORD (**Comte**), (Bibliothèque vendue à Paris, 1884.) — Chiffre composé de deux E et de deux R affrontés et enlacés, surmonté d'une couronne de comte. 31 × 25. (Fer de reliure.)

ROSSIGNEUX (**Ch.**), dessinateur. — Une quenouille accostée de deux ailes, le tout brochant sur un cadre circulaire portant les mots : *Arte Labore.*

Cet Ex-libris n'est pas absolument anonyme mais il faut être prévenu pour découvrir le nom formé par le fil qui s'échappe de la quenouille. 125 × 67. (*Arch. de la Société des Collectionneurs d'Ex-libris*, t. VI.)

ROUARD (**E.-A.-B.**), bibliothécaire de la ville d'Aix, 1792-1873. (Bibliothèque vendue en 1879). — Livre ouvert appuyé sur un flambeau allumé, des fleurs et deux lauriers croisés. Ses pages montrent le chiffre E. R. 25 × 20. (Bibliothèque nationale.)

RUBLE (Baron de). — Double chiffre C. R. (de Ruble de Conantre) sommé d'une couronne de baron. (Fer de reliure.) (*Arch. de la Société des Collectionneurs d'Ex-libris*, t. VI.) (Fig. 55 et 56.)

RUGGIERI (D.-E.-F.), artificier du Gouvernement. (Bibliothèque vendue en 1873 et 1875: — 1° Un artificier vêtu à la mode italienne du xvi° siècle, allumant une pièce d'artifice; à gauche, le monogramme D. R. Signé : *Baticle*. 32 × 28. (Collection H. Masson.) — 2° Même composition. (Fer de reliure.)

Fig. 55.

Fig. 56.

SAGE (Léon). — Lettres A. E. G. S. entrelacées, soutenues par un lion. A droite, banderole portant les mots : *Quand même*. 52 × 47. (Bibliothèque nationale.)

SAINT-AMANS (J.-F. Boudon de). — Chiffre A. S. fleuronné. (Fer de reliure.) (Fig. 57.)

SAINT-ANGE-MAUFFRAY. — Chiffre gothique enlacé composé des lettres A. M. S. dans un encadrement orné. Signé : *G. Huot. Paris*. 77 × 50. (Collection F. Pérot.)

SAINT-AUGUSTIN (Religieux de). — Un cœur enflammé percé d'une flèche au milieu des nuages. (Fer de reliure.)

SAINT-CYR (Maison royale de). — Une croix d'or semée de fleur de lys. 59 × 46. (Collection de Bizemont.)

SAINT-LAZARE (Religieux de). — Lettres L. S., capitales romaines, séparées par une étoile. (Fer de reliure.)

Fig. 57.

SAINT-MARTIN-DES-CHAMPS (Abbaye de), à Paris. — Saint Martin coupant son manteau; au-dessus, deux clés en sautoir et une épée. (Fer de reliure.)

SAINT-MAUR (Congrégation de). — Le mot PAX. Au-dessus, une fleur de lys; au-dessous, trois clous. (Fer de reliure.)

SAINT-VANNE (Congrégation de). — Le mot PAX, un cœur enflammé et trois larmes dans une couronne d'épines. (Fer de reliure.)

SAINT-VICTOR (abbaye de), à Paris. — Lettres romaines S. V. ; l'S surmonté d'une mitre, le V traversé d'une crosse.

SAINTE-CATHERINE DU VAL DES ECOLIERS (Couvent de), à Paris. — Lettres romaines C. S. (Fer de reliure.)

SAINTE-CROIX DE LA BRETONNERIE (Couvent de), à Paris. — Une croix pattée enlacée d'un S. (Fer de reliure.)

SAINTE-GENEVIÈVE (Abbaye de), à Paris. — 1° Monogramme G. S., capitales romaines fleuronnées. — 2° Écu aux armes de France, avec crosse et mitre, et les lettres S. B. G. (Fers de reliure.)

SAINTE-GENEVIÈVE (Bibliothèque.) — Chiffre B. P. (Bibliothèque du Panthéon), époque de la Révolution.

SALLO (Denis de). — 1° Monogramme composé de deux *sigma* et de deux *delta* grecs. — 2° Monogramme composé de deux D et de deux S. (Fers de reliure.)

SAULNIER, bibliophile à Beauvais. — Armes de Beauvais dans une étiquette carrée posée en losange. 36 × 36. (Bibliothèque nationale.)

SAURIN (Joseph), membre de l'Académie des sciences, 1659. † 1737. — Timbre humide, rond, portant un monogamme composé d'un A flanqué de deux S et au-dessous *urin*. Diam. 25ᵐᵐ. (Collection de Crauzat.)

SAXE (Marie-Josèphe de), mère de Louis XVI. — Lettres J. M. fleuronnées et enlacées. (Fer de reliure.)

SCIAMMA. — Un cartouche portant un chiffre composé d'un A noir et d'une S évidée ; en haut, un amour décochant une flèche ; en bas, un autre amour tenant un livre. 44 × 39. (Bibliothèque nationale.)

SÉGUIER (Le chancelier) et Mme Fabri, son épouse. — Monogramme composé des lettres capitales romaines F. M. P. S. (Fer de reliure.)

SENGENWALD (Jules), président de la Chambre de commerce de Strasbourg. † 1891. — Sur un écusson azuré sommé d'une couronne murale et entouré de branches de chêne, se voient les lettres gothiques J. S. 33 × 25. (*Arch. de la Société des Collectionneurs d'Ex-libris*, t. IX.) (Fig. 58.)

SICHEL (Auguste), à Paris. — Monogramme composé des lettres C. E. H. I. L. S. 13 × 15. (Fer de reliure.)

SIMON (Claude), évêque de Grenoble. 1802-1825. — Un écu ogival portant le chiffre C. S. en capitales rondes fleuronnées, accompagné d'une crosse et d'une mitre. Le tout surmonté d'un chapeau avec pendants de dix houppes. (Collection Maignien.)

SIMON (Charles), à Strasbourg. — 1° Une banderole en forme d'S retournée, portant la devise : *Evigila et tecum esto.* En bas, un écusson portant les lettres C S et un coq regardant le soleil. Signé : *I. Satler*, 66 × 50. (Collection Ed. Engelmann.) — 2° Un coq sur un livre entouré d'une banderole portant la même devise que ci-dessus. Au-dessus, les lettres C. S. sur un fond d'arabesques. Signé : *I. S*, 111 × 68 (Collection Ed. Engelmann.)

Fig. 58.

SIRET, de Reims. — Un écusson dans lequel se voient des flammes avec la légende : *Laude alitur igneus arbor*; au-dessous, dans une couronne de laurier, la lettre S. 72 × 47. (Bibliothèque nationale.)

SOLAR (Félix), banquier à Paris. (Bibliothèque vendue en 1860.) — Un pacha endormi. Signé : *Bida*. 38 × 32. (Collection Salleron.)

SOULTRAIT (Richard de). — Médaillon rond quadrilobé ; dans le champ, un château à deux tours et deux palmes passant derrière. Autour, légende gothique : *Retz les Époisses par Dornes* (Nièvre). Diam. 24^mm. (Bibliothèque nationale.)

OTA (Henri de Saint-Alary, dit H. de), peintre et dessinateur. — Un hussard du Premier Empire et un zouave. Signé : *H. de Sta*. 75 × 65. (Collection H. Masson.)

OTURN (Mme). — Double chiffre style Louis XIV composé des lettres E M S dans une couronne de roses et d'amours. En haut, une étoile ; en bas, une banderole portant la devise : *Tout ou rien*. 77 × 52. (Collection Ed. Engelmann.)

SULLY (Maximilien de Béthune, duc de). — 1° Un aigle portant des foudres dans sa patte droite. Au-dessus, la légende : *Quo jussa Jovis.* — 2° Deux V surmontés d'une couronne ducale. (Fers de reliure.)

TABOURIECH (E.), avocat à Paris. — Un amas de livres, dont l'un surmonté d'une toque d'avocat est ouvert et présente les lettres E T. A droite, un tambourinaire en costume du xvie siècle. En haut, une banderole portant la légende : *Vir bonus jus dicendi peritus.* Signé : *Henri Pille*. 81 × 84. (Collection Wiggishoff.)

TERNAUX-COMPANS (H.). — Lettres H T gothiques surmontées d'une tête de bélier. (Fer de reliure.)

TERREBASSE (Alf. Jacquier de). — Dans un filet ovale en largeur, se voit un bœuf couché et au-dessus les mots : *Ruminat herbas*. (Fer de reliure.) (Collection Ed. Engelmann.)

TEYSSIER (T.), à Bordeaux. — Dans un encadrement de branchages fleuris, surmonté d'une poignée d'épée, un mouton passe sur une banderole portant les mots : *Pour* *autruy.* Au-dessous, on lit : *Ex-libris M C M I I* (1902), et la signature : *Henry-André.* 94 × 77. (Collection de Crauzat.)

THOREUX, libraire à La Rochelle. — Un livre, sur la tranche duquel se voit le mot *Liber*, est supporté par deux amours entre lesquels est un cadenas portant le mot anglais *Thorough.* Au-dessous, une banderole avec la légende : *N'est heureux qui ne veut.* 41 × 56. (Bibliothèque nationale.)

TOURNEUX (Maurice), bibliographe. — Monogramme M. T. sur un fond azuré, dans un encadrement à enroulements. Au-dessous, sur une banderole, la légende : *In angulo cum libello.* 62 × 62. (Bibliothèque nationale.)

TRIPIER (Léon). — Monogramme composé de deux L et deux T. (Fer de reliure.)

TUBERT (H.). — Cartouche rocaille portant le chiffre H. T. Au-dessous, un livre illustré ouvert ; à gauche, une banderole portant la devise : *Mon devoir c'est mon plaisir.* Signé : *P. V.* 100 × 65. (Collection H. Masson.)

UNIVERSITÉ DE PARIS. — Un livre soutenu par une main descendant des nuages entre trois fleurs de lys. Deux masses en sautoir. (Fer de reliure.)

VALOIS (Marguerite de), première femme de Henri IV. — Un semis de marguerites.

VANIER (Léon), éditeur à Paris. — Une petite folie agitant d'une main sa marotte et tenant de l'autre une plume et un crayon. Derrière elle, un livre ouvert portant les lettres L V majuscules romaines. 39 × 48. (Bibliothèque nationale.)

VARIN (Amédée), graveur au burin. † 1883. — Une femme assise, personnifiant la gravure, couronne de roses le portrait du graveur en médailles Jean Varin. Auprès d'elle, cinq enfants regardent un carton d'estampes et deux amours soutiennent le portrait du

Fig. 59.

graveur Charles-Nicolas Varin et de son maître, le chevalier de La Touche. Le tout dans l'encadrement composé par Cochin pour le mariage du Dauphin en 1745. Dans un blanc, on lit en grands caractères : *Mes livres et mes gravures.* 137 × 108. (Dessiné et gravé par lui-même.) (Collection L. Mar.)

VARIN (Adolphe), graveur. † en 1897. — Sept enfants nus feuilletant des livres, et un carton de gravures sur lequel on lit l'inscription jeu de mots : *Recueil de Croutles* (Aisne, maison de campagne des frères Varin). Un des enfants tient une pancarte sur laquelle on lit : *Hiver féroce,* XXIII degrés, 1880 ; au fond, on lit : *Amateurs sans-culottes.* 165 × 97. (Collection L. Mar.)

VENDOME (Antoinette de). — Semis de deux A, dont l'un inversé, alternés avec deux *Phy* grecs se suivant et enlacés. (Fer de reliure.)

VIDAL (Gilbert). — Chiffre G. V. dans un encadrement à filet en forme de cœur surmonté d'une flamme. 43 × 38. (Collection Ed. Engelmann.)

VIEILBOURG (Louise de). — Monogramme composé de deux L et de deux V enlacés. (Fer de reliure.)

VIGEANT, professeur d'escrime à Paris. — Deux singes, dont l'un donne une leçon d'escrime à l'autre. Inscription : *Ense vigeant.* 27 × 42. (Bibliothèque nationale.) (Fig. 59.)

VILCARDET DE FLEURY. — Cartouche Louis XV renfermant le chiffre J. V. En bas, livres, plumes et la devise : *His me consolor.* 105 × 70. (Collection Maignien.)

VILLIEZ, collectionneur d'histoire naturelle. (Collection vendue à Nancy, en 1775.) — Un cartouche Louis XV entouré de roses contenant un V majuscule. Signé : *Villiez fecit.* 62 × 46. (Collection Maignien.) (Fig. 60.)

VINCENT (Baron de), bibliophile à Nancy. (Bibliothèque vendue à Paris, 1874.) — Une ancre servant de mât à une voile sur laquelle on voit une croix croisettée. (*Arch. de la Société des Collectionneurs d'Ex-libris,* t. VIII.)

VINTIMILLE (de), archevêque de Paris. — Monogramme composé des lettres C. D. D. L. V., surmonté d'une mitre. (Fer de reliure.)

VIOLLET-LE-DUC (E.), architecte, membre de l'Institut. — Monogramme composé des lettres E. L. V., entouré de rinceaux et d'une banderole sur laquelle se voient des caractères grecs. 28 × 64. (Collection H. Masson.)

VIVENEL (A.), architecte, † en 1844. — 1° Monogramme composé d'un A et d'un V sur une espèce de bouclier rond flanqué de deux amours, dont l'un tient un crayon et l'autre un compas. Derrière, une colonne surmontée d'un hibou. 54 × 44. — 2° Un paysage au milieu duquel se voient un chapiteau de colonne, une sphère et différents instruments d'arpentage et d'architecture ; au milieu, un plan déroulé sur lequel se lit le chiffre A. V. 53 × 70. (Fig. 61.) (Collection Wiggishoff.)

Fig. 60.

WALEWSKI (Comte A.-F.-J. Colonna), président du Corps législatif. — Les lettres C. W. surmontées d'une couronne de comte. (Fer de reliure.)

WEISGERBER (Dr), à Ribeauvillé. — Deux hommes, l'un portant une escarcelle, l'autre ayant une jambe de bois, supportent un tableau déroulé sur lequel se voient deux petits blasons et l'inscription : H. W. Dr M P. — M C M (1900). Signé : *A. Roux. sc.* 47 × 73. (Collection Ed. Engelmann.)

WERLÉ (A.), à Reims. — 1° Étiquette portant les lettres gothiques A. W. surmontées d'un lion issant. (Jadart, *Les bibliophiles rémois.*) — 2° Monogramme A. W. (Fer de reliure.)

Fig. 61.

WEYER (E.), bibliophile. (Bibliothèque vendue en 1885.) — Chiffre E. W. ; l'E évidé, le W noir, dans un filet circulaire. Diam. 10mm. (*Arch. de la Société des Collectionneurs d'Ex-libris.* t. VII.) (Fig. 62.)

WHITELAW REID, ambassadeur des États-Unis, à Paris. — Un médaillon entouré de fleurs portant le paraphe W. R. du titulaire. En haut, la devise : *Per ardua ad alta.* 70 × 54. (Collection de la Société des Collectionneurs d'Ex-libris.)

WIENER (R.), à Nancy. — Une croix de Lorraine accostée des lettres R. W. et entourée d'une cordelière. 42 × 26. (Collection L. Mar.)

WIGGISHOFF (J.-C.), président de la Société « Le Vieux Montmartre », à Paris. — Monogramme composé des lettres J. C. W. et d'un 4 dit de marchand, en blanc sur fond rouge. Au-dessus, les mots : *Ex-libris*; au-dessous, *Mons Mart.* Diam. 23 ᵐᵐ.

WIGNACOURT (P.-A. de). — Monogramme composé d'un A, de deux P et de deux V, sommé d'une couronne de marquis.

Fig. 62.

WOLFF (G.), avoué à Strasbourg. — Dans un paysage, un loup appuyé sur une pierre, tient une balance ; à droite, sur une petite pierre, les lettres G. W. 62 × 48. (Collection Ed. Engelmann.) (Fig. 63.)

WYNANTS, relieur, professeur à l'école Estienne. — Sur un cercle entouré d'ornements et de pampres, on lit : *Délégation ouvrière libre. Paris, 1867. Philadelphie, 1878.* A l'intérieur, un atelier de relieur; sur les vitres, W. Signé : *Amand rel. del.* Filet. 80 × 60. (Collection de Bizemont.)

Fig. 63.

YÉMÉNIZ, bibliophile lyonnais. (Bibliothèque vendue en 1867.) — 1° Deux Y enlacés, l'un inversé. — 2° Médaille portant la figure d'un lion et l'inscription : *Lugdun.* — 3° Médaille portant un monogramme composé des lettres E. E. I. M. N. Y. Z. (Fers de reliure.)

ZIMMERMANN (Camille), à Mulhouse. — Un charpentier (*Zimmermann*) équarissant une poutre sur laquelle se lit le nom *Camille.* Au-dessus, l'écu de Mulhouse. Signé : *G. Vogel d'Illzach fec.* 69 × 97, (Collection Ed. Engelmann.)

Fig. 64.

Armes de Reims. — Dauphinot. — Givelet.
— Mulhouse. — Zimmermann.
Armor. — Laborderie.
Arte. Labore. — Rossigneux.
Artificier (**Un**). — Ruggieri.
A. S. — Sciamma. — Saint-Amans.
A. S. — Brun.
A. S. S. — Saurin.
Astro. de la mar. — Messier.
A tous vents... — Geoffroy.
Audrans (**Les**). — Duplessis.
Aux livres je... — Morin.
A. V. — Havé. — Vivenel.
Avec le temps. — Benoit.
Avecque le temps. — Le Clère.
A. W. — Werlé.
B. — Arnauldet.
Bannière (**Une**). — Devaulx.
Bard. — Bayard.
Barum-Super-Album. — Formont.
Bateau (**Un**). — Gruyer.
Baticle. — Ruggieri.
Bâton de maréchal (**Un**). — Maréchaux.
B. B. — Brissart-Binet.
B. B. J. J. — Colbert.
B. B. J. J. M. — Midy.
B. B. P. P. — Boucher.
B. C. — Burckhardt.
B. C. E. H. O. T. — Bochet.
B. C. E. O. R. V. Z. — Combrouse.
B. C. H. I. M. — Joliet.
B. C. J. — Colbert.
B. D. — Dormans. — Martin
B. D. E. F. — Feydeau.
B. D. E. G. L. N. T. V. E. — Bottée.
B. D. E. O. R. S. — Bordes.
B. de la M. — Boulay.
B. D. G. R. U. — Du Burg.
B. D. J. V. — Déséglise.
B. D. N. — Balathier.
B. E. — Balézeaux.
Beaucoup de bien... — Moreau-Nélaton.
B. E. E. N. N. O. U. V. — Bouvenne.
B. E. I. N. O. T. — Benoit.
B. E. O. R. R. T. — Des Robert
B. E. P. R. — Église réformée.
Berger (**Un**). — Duval.
B. F. — Bertrand.
B. G. — Badillé. — Boudet.
B. G. S. — Ste Geneviève.
B. H. J. — Burckardt.
B. H. M. — Béraldi.
B. H. T. — Baron.
Bibliopolæ et... — Bertrand.
Bibliotheca L. B. — Benoit.
— *Saargoviana.* — Benoit.
Bibliothèque (**Vue d'une**). — Burckardt. —
Deullin. — Le Souef.
Bibliothèque de Lafitte. — Rémusat.

Bibliothèque de la Prairie. — Bary.
— *de Paris.* — Castellane.
— *d'un curieux.* — Patay.
— *érotique.* — Couraud.
— *paroissiale.* — Notre-Dame.
— *particulière...* — Moye.
Bida. — Solar.
B. I. N. O. R. — Biron.
B. J. L. — Levrault.
B. L. — Baillieu. — Benoit. — La Borde.
— Lebrun.
Blé (**Tiges de**). — Froment-Meurice.
B. M. — Bouret. — Montalivet.
B. M. S. — Bochard.
B. N. — Bibliothèque nationale.
B. O. — Beauregard.
Bœuf (**un**). — Terrebasse.
Bœufs (**Deux**). — Chabeuf.
Boisson (**L.**). — Droit.
Bona fide. — Rigaud.
Bouvenne. — Benoit. — Chanu. — Gautier.
B. P. — Bonaparte. — Burty. — Sainte-
Geneviève.
B. P. R. — Beauchamp.
B. R. — Beaufort. — Bonnamen. — Burey.
— Murat.
Bracquemond. — Bouvenne.
Bréau. — Martin.
B. R. T. V. Y. — Burty.
Brun. — Morel.
Buste (**Un**). — Cayeux.
Buste de femme. — Léon-Dufour.
C. — Badillé. — Chabas. — Chéron. —
Lormier. — Murat.
Camille. — Zimmermann.
Canard (**Un**). — Maillard.
Cappa grec (**Un**). — Peiresc.
Carpe diem. — Benoist.
Castigans libro pœnas. — Poiret.
Catenacci. — Capron.
C. C. — Bourbon (C. de). — Charles X. —
Colbert. — Cousin. — Lorraine. — Mor-
nay. — Pearl.
C. C. C. C. — Molé.
C. C. F. — Cordier-Souvestre.
C. C. H. — Chabeuf.
C. C. M. — Cohen. — Maurepas.
C. C. M. M. — Clausse.
C. C. N. N. R. R. — Navarre.
C. C. P. P. — Castellane.
C. C. R. R. — Ruble.
C. D. — Décle.
C. D. D. L. V. — Vintimille.
C. D. E. I. S. Y. — Decisy.
C. D. L. — Daquin.
C. D. M. — Henri III.
C. E. H. I. L. S. — Sichel.
Ce que Dieu... — Beauchamp.
Cercando il vero. — Chéron.

C'est ma toquade. — Badillé. — Cousin.
Cerf (Un). — Cerf.
Ce volume est à moi... — Moynel.
C. F. F. — Capron.
C. G. — Carmes. — Garnier. — Givelet.
C. G. — Foville.
C. H. — Chabeuf. — Cordier. — Herrenschmidt.
Champ de blé (Un). — Champfleury.
Chapeau d'évêque. — Baron.
Chapiteau. — Vivenel.
Chardon (Un). — François II.
Chardons (Des). — Duval.
Charitas. — Charité. — Minimes.
Charpentier (Un). — Zimmermann.
Chat (Un). — Boulay. — Chanu. — Du Deffand.
Chats (Deux). — Chabeuf.
Château de Saint-Loup. — Humann.
Château de Sassy. Audiffret.
Chauvet. — Destailleur.
Chiffres 9 arabes. — Charles IX.
C. H. L. — Herrenschmidt. — Le Clère.
Ch. M. — Mehl.
Christ (Le). — Langelier.
Christof. — Duval.
Christophe (Saint). — Christophe.
Cigogne (Une). — Burty.
C. J. — Cambacérès.
C. J. M. — Motteley.
C. J. P. — Clément.
C. J. W. — Wiggishoff.
C. L. — Cayeux. — Langelier. — Liotard.
Clefs (Deux). — Saint-Martin.
C. L. N. — Nantes.
C. L. O. O. T. U. Z. — Clouzot.
Clous (Trois). — Saint-Maur.
C. L. P. — Poiret.
C. L. R. — Lormier.
C. M. — Berry. — Combier. — Condé. — Murat.
C. N. — Naud.
Cœur (Un). — Advielle. — Augustins. — Bogard. — Coligny. — Muntz. — Récollettes.
Cœur enflammé (Un). — Saint-Augustin. — Saint-Vanne.
Colligebat... — Bouvenne.
Comme le lierre... — Beauchamp.
Conv. Nazar. — Pénitents.
Coq (Un). — Copette. — Cordier-Souvestre. — Couraud. Gal. Simon.
Coquille d'huître (Une). — Brichaut.
Couleuvre (Une). — Colbert.
Couronne de fleurs. — Burckhardt. — Laborie.
Couronne d'épines (Une). — Oratoire.
Couronne d'étoiles. — Cambacérès.

Couronne murale (Une). — Hageman. — Revellat. — Sengenwald.
Courtry. — Henry-André.
C. P. — Castellane. — Cayeux. — Chenay. — Chéron.
C. P. — Quantin.
C. R. — Ruble.
Crécy — Pompadour.
Crescit Eundo. — Pincebourde.
Croissant (Un). — Bochard.
Croix de la Légion d'honneur (Une). — Herluison.
Croix de Lorraine (Une). — Lorraine.
Croix pattée (Une). — Mathurins. — Sainte-Croix.
Croix semée de fleurs de lys (Une). — Saint-Cyr.
C. S. — Doctrine chrétienne. — Le Roy. — Sainte-Catherine. — Simon.
C. W. — Walewski.
C. Y. — Collin.
D. — Delatte.
Dauphins (Deux). — François II.
D. D. — Dudésert. — France.
D. D. F. — Albret.
D. D. H. — Henri II.
D. D. S. S. — Sallo.
D. E. — Doche.
Dédié à ses... — Devaulx.
D. E. I. O. P. R. S. — Desrosiers.
De jour en jour. — Montaiglon.
Delatre. — Deschamps.
Delaunay. — Deulin.
Délégation ouvrière... — Winant.
Delta grecs (Deux). — Du Puy. - - Sallo.
Descaves. — Capron.
Desiderat. — Cerf.
Dessin (Attributs du). — Cayeux.
Deus providebit. — Brun.
Devambez. — Collet.
Devaulx. — Devaulx.
D. F. L. — Desains.
D. G. — Durand. — Garnier.
D. H. — Durond. Henri II.
D. H. I. M. — Hofer.
D. H. L. — Lorraine.
Didron. — Chabeuf.
Dis ce que... — Raphanel.
Disque. — Galichon.
D. L. — Le Dru.
Dlot. — Didelot.
D. M. — Mesmes.
D. P. — Dauze.
D. R. — Ruggieri.
Draperie (Une). — Bourgeois.
Droit. — Droit.
Durer (A.). — Pelletan.
E. A. — Le Proux.
Ecce Homais. — Escoubes.

Ecclesia(S) de Vaucia. — Petit.
Échelle (Une). — Le Souef.
Éclipse. — Couraud.
Écran. — Balézeaux.
Écusson antique (Un). — Bouton.
E. de G. — Girardin.
E. D. F. V. — Duhamel.
E. E. H. — Humann.
E. E. I. M. N. Y. S. — Yemeniz.
E. E. I. M. R. S. S. — Messier.
E. E. M. M. S. S. — Stern.
E. E. R. R. — Roger.
E. F. — Engerand.
E. G. — Etevenon. — Gruel et Engelmann.
Église. — Brissart-Binet.
E. G. R. R. U. Y. — Gruyer.
E. H. — Hagemann. — Huet.
E. H. L. — Orléans.
E. I. L. M. O. R. R. — Lormier.
E. J. — Escoubès. — Goncourt.
E. L. — Lièvre.
E. L. V. — Viollet-le-Duc.
E. M. — Missions.
E. M. N. — Moreau-Nélaton.
E 1000. 1/3. — Didelot.
Enfant (Un). — Benoit. — Etevenon. — Favier. — Poitiers.
E. N. O. — Noé.
Ense vigeant. — Vigeant.
Enseigne. — Aylé.
E. O. — Odiot.
E. P. — Pelay. — Pelletan.
Épée. — Huet.
E. P. R. — Prévot.
E. R. — Revellat. — Rouard.
E. S. — Flach.
Esculape. — Piogey.
Es frutto del... — Ancelet.
Espérance. — Arnoult.
Estienne (Robert). — Pelletan.
E. T. — Tabouriech.
Étoile. — Bochard.
Étoiles (Trois). — Andenet.
Evigila et tecum... — Simon.
E. W. — Weyer.
Ex bibliotheca E. P. R. — Prévot.
Excelsior. — Benoist.
Ex-libris. — Decisy. — Guillon. — Furlot. — Le Roy.
Ex-libris abbé de Chazeuil. — Raphanel.
— **A. B.** — Balézeaux.
— **A. M.** — Monnier.
— **B. de la M.** — Boulay.
— **C. Bard.** — Bayard.
— **C. H. Divionensis.** — Chabeuf.
— *d'un curieux...* — Devaulx.
— **F. B.** — Bertrand.
— **G. B.** Boudet.
— **Germain.** — Bapst.

Ex-libris Hen — ry. — Duhamel.
— **J. C. M.** — Motteley.
— *meis.* — Claudin. — Henry-André.
— **J. R.** — Robert.
— *Nov. Eborac.* — Harrisse.
F. — Fleury.
Fabricando. — Favre.
Faire sans dire. — Le Barbier.
Fais ce que dois. — Champfleury. — Mackau.
Fe le mieulx... — Hageman.
Femme (Une) adossée à une croix. — Église réformée.
Femme alimentant un serpent. — Burckardt.
Femme assise. — Notre-Dame. — Varin (Am.).
— casquée. — Delzant. — Escoubès.
— coiffée d'un hennin. — Galle.
— coiffée en alsacienne. — Droit.
— lisant. — Baillieu. — Colmar. — Naud.
— nue. — Martin. — Pincebourde.
— tenant une colombe. — Destailleur.
— — estampe. — Duplessis.
— — palette. — Dauphinot.
— — tête d'homme. — Escoubès.
F. F. — Favre.
F. F. G. G. — Fleury.
F. G. — Garde.
F. H. — Furlot.
Fiat vir... — Favier.
Fidèle et libre. — Burty.
Fidelis est amicus liber. — Lalande.
F. I. M. — Le Pappe.
F. J. T. — Cousin.
F. L. — Deschamps.
Flambeau (Un). — Rouard.
Flamme. — Vidal.
Flammes (Des) — Siret.
Flèche. — Goll.
Flèches (Deux). — Augustins.
Fleur de lys. — Bapst. — Montbazon.
F. L. S. — Le Sage. — Le Sieur.
F. M. M. — Froment Meurice.
F. M. P. S. — Séguier.
F. M. S. — Fabri.
F. O. — Orléans.
Folie (Une). — Vanier.
F. O. P. — Orléans.
Forgeron (Un). — Favre.
Formosa dilexi. — Boudet.
Fourmi (Une). — Moreau.
François-Xavier (portrait). — Jésuites.
Fusils. — Dauphinot.
G. — Bapst. — Germain. — Galliffet. — Gouget. — Gouzien.
Galy. — Poullier-Ketéle.
Gavarni. — Goncourt.

Génies (Deux). — Benoist.
G. E. R. R. U. Y. — Gruyer.
G. G. — Orléans (Gaston d'). — Galle.
G. G. H. — Hérissé (d').
G. G. M. — Mainsonnat.
G. G. S. S. — Guyon de Sardières.
G. H. — Greslé. — Hanotaux.
Giacomelli. — Conquet
G. I. S. V. — Gentil.
G. L. — Gruel. — Lecoq.
G. L. L. O. — Goll.
G. L. Q. — Quantin (L.).
G. L. R. — Grimod.
G. M. — Mainsonnat. — Moynel.
Gozo. — Grassot.
G. P. — Piogey. — Pochet.
G. P. P. — Guillon.
Grue (Une). — Gruel.
G. S. — Gillet. — Sainte-Geneviève.
Guide-moi... — Advielle.
Gutemberg (portrait). Laroche.
G. V. — Vidal.
G. W. — Wolff.
H. — Beauharnais. — Chambord. — Gon-
zague.
Haies (Deux). — Collet.
Harpe (Une) en forme d'A. — Gouzien.
Haud immemor. — Cohen.
Hen — ry. — Duhamel.
Henry-André. — Cordier-Souvestre. Cou-
raud. — Geoffroy. — Henry-André. —
Moye. — Moynel. — Quantin. — Teyssier.
Hérissons (Trois). — Hérissé (d').
Héron (Un). — Chéron.
H. F. — Furlot.
H. H. — Harrisse. — Herluison.
H. I. — Hofer.
Hibou. — Paillet.
Hirsch. — Martin.
His me consolor. Vilcardet.
Hiver féroce. — Varin.
H. M. — Marc.
H. M. U. R. — Mohr.
H. O. — Aumale.
Hoc est signum... — Bouvenne.
Homme fumant une pipe. — Henry-André.
Homme (Un) sur une échelle. — Lesouef.
Hommes (Deux). — Gruel et Engelmann. —
Weisgerber.
H. P. — Favre.
H. T. — Ternaux. — Tubert.
Huître (L') et les plaideurs. — Brichaut.
Huot. — Chenay. — Pontilly. — Saint-
Ange.
Hussard (Un). — Sta.
Huyot. — Piet.
H. W. — Weisgerber.
I. F. M. — Le Pappe.
Ignace (Saint). — Jésuites.

Imprimerie Aug. Delâtre. — Deschamps
I. N. — Napoléon III.
In angulo cum libello. — Tourneux.
In angulo cum libro. — Gillet.
In labore fructus. — Gruel.
Inquirit scientiam. — Bogard.
Inter folia fructus. — Jane.
Inventaire de la collection Hennin. —
Duplessis.
J. — Delatte.
J'ai lu. — Hénin.
Jalousie (Une) de fenêtre. — Musset.
Jardinier (Un). — Du May. — Du Val.
J'attendrai. — Aumale.
Jean. — Didelot.
Jean s'en alla. — Cousin.
Je flâne... — Cordier.
Je l'ai ! — Poulet-Malassis.
Je lui dois tout. — Garde.
Je romps... — Bouton.
Jésus Maria. — Oratoire.
Jésus (Enfant). — Beaune.
Je veille... — Gal.
J. F. T. — Cousin.
J. J. M. — Saxe.
J. J. P. P. — Pichon.
J. L. — Labarte. — Loth.
J. M. — Saxe.
J. M. S. — Mérard.
J. O. — Jane.
J'ose et fais. — Dietsch.
J. P. — Pellier. — Poinat.
J. R. — Robert.
J. S. — Sengenwald.
J. T. — Benoit (L.).
Jury dégustateur. — Grimod.
J. V. — Vilcardet.
K. P. — Poullier-Ketèle.
K. R. — Koechlin.
L. Lépine.
L majuscule cursive. — Laborie.
L majuscule ronde. Poulet-Malassis.
Labor. — Chabas.
Labore et fide. — Chabeuf.
Laboureur (Un). — Du Val.
Lacoste. — Madden.
Lambda grecs (Deux). — Lorraine.
Larmes (Trois). — Saint-Vanne.
Laude alitur... — Siret.
Lecteurs (Quatre). — Flach.
Lege et vale. — Du Désert.
Legere et eligere. — Martin.
Légion d'honneur (Une croix de la). — Her-
luison.
Leloir. — Dauphinot. — Marteau.
Lenit et ardet. — Beauregard.
Le Roy. — Le Roy.
Les anges liers. — Langelier.
Les Audran. — Duplessis.

Les prester c'est... — Poinat.
L. F. — Deschamps.
Liber. — Thoreux.
Liber in pœnis. — Benoît (A.).
Libro liber. — Hanotaux. — Piat. — Quantin (A.).
Lion (Un). — Biron. — Pellion. — Revellat. — Yemeniz.
Lion de Saint-Marc. — Baschet. — Marc.
Lions (Deux). — Gentil. — Natier.
Livre opium de l'occident. — Dauze.
Livre (Un). — Fourgeaud. — Herluison. — Herrenschmidt. — Moreau. — Rouard.
L. L. — Louis XIV.
L. L. M. T. T. — Louis XIV.
L. L. T. T. — Tripier.
L. L. V. V. — Vieilbourg.
L. M. — Kastner.
L. M. — Gonzague — Lamorte. — Marie-Louise. — Mohr. — Murat.
L. M. P. — Laroche.
Longævi et longinqui studium. — Robert.
Loup (Un). — Wolff.
L. P. — Le Roy. — Louis-Philippe. — Pépin Lehalleur. — Polliart.
L. P. S. — Gruyer.
L. S. — Saint-Lazare.
Lucem ex tenebris. — Paul. — Polvet.
Lugd. — Galle. — Yéméniz.
Lux regnabit. — Léon-Dufour.
L. V. — Lassalle. — Vanier.
Lyre (Une). — Furlot.
Lys (Tige de). — Huet.
M. — Angoulême. — Murat. — Récollettes.
M (Deux). — Angoulême. — Aspremont. Médicis. — Moye.
M'acheter pour... — Caron.
Mai d'ounour... — Castellane.
Mai portera fruits. — Du May.
Main (Une). — Goncourt. — Université.
Mains (Deux). — Defay.
Manesse. — Dudésert.
Mar. — Potin.
Marguerites (Des). — Valois.
Marotte (Une). — Cousin.
Masques (Des). — Bouret. — Raphanel.
Matthis (C.-E.). — Mohr.
Médaille (Une). — Bertrand. — Brun. — Duplessis. — Psichari. — Quantin. — Yemeniz.
Méduse (Tête de). — Delzant.
Mélusine. — Nadaillac.
Memor fui. — Pichon.
Mes délassements. — Colmar.
Mes livres et... — Varin (Am.).
Me sont fidesles... — Polliart.
Mihi tantum... — Chenay.
Mille (en chiffres). — Collet.
Minerve. — Destailleurs. — Pouchet.

M. M. — Angoulême. — Aspremont. — Médicis. — Moye.
M. N. — Martin. — Natier.
M. N. — Courcy.
Mon devoir c'est... — Tubert.
Mons Mart. — Wiggishoff.
Montigaud. — Dietsch.
Moulin (Un). — Artus. — Molinié.
Moulins (Des). — Chéron.
Mouton (Un). — Teyssier.
M. P. — Malden.
M. R. — Martin.
M. S. — Loth.
M. T. — Le Barbier. — Marie-Thérèse. — Muntz. — Tourneux.
Musique (cahier de). — Kastner.
Musique (Instruments de). — Daquin.
Musique (Portée de). — Huet.
M. V. — Marteau.
N. — Nadar.
Ne quid nimis. — Liotard.
N'est heureux qui... — Thoreux.
Nids (Deux). — Dudésert.
Niepce. — Brun.
Nihil humani... — Piogey.
N°. — Durand. — Levrault.
Nobirulus... — Brun.
Non liber sine... — Collet.
Non sine murmure. — Copette.
Non verba sed... — Pépin.
Notaire à... — Desains.
Nu (grec) (Un). — Chanu. — Peiresc.
Nuages. — Collin.
Nunc nox... — Maurice.
Nunquam amicorum. — Arnauldet.
Oiseau (Un). — Conquet. — Musset. — Pichot
Omnia in labore. — Brissart.
Omnibus non sibi. — Radiguet.
Optima propagare. — Lièvre.
Ouvre l'œil! — Conquet.
P. — Pellion. — Pouchet.
Pacha (Un). — Solar.
Palais-Bourbon (Vue). — Potin.
Panier de fleurs. — Caillavet.
Papillon (Un). — Monnier.
Parcere Subjectis. — Pearl.
Par nous malgré... — Morel.
Pascalon. — Bayard.
Pauci, boni, nitidi. — Poulet-Malassis.
Pax. — Saint-Maur. — Saint-Vanne.
Penetrabit. — Desrosiers.
Per ardua... — Whitelaw-Reid.
Perennitate Galliarum. — Combrouse.
Perry. — Motteley.
Phy grec (Un). — Gonzague. — Mornay. — Peiresc.
Phy grecs (Deux). — Desportes. — Fouquet. — Vendôme.

Piccola si ma... — Maine.
Pierrot pendu. — Foville.
Piet. — Piet.
Pietate et justitia. — Charles IX.
Pille. — Tabouriech.
Pilsen. — Daquin.
Pincebourde (René). — Pincebourde.
Plaisir passe labeur. — Hérissé (d').
Plume d'oie (Une). — Advielle. — Chabeuf.
Plus penser. — Joliet.
Points d'interrogation (Des). — Devaulx.
Pomme (Une). — Arnould.
Portique égyptien (Un). — Gautier.
Portrait (Un). — Bonnejoy. — Dècle. — Henry-André.
Portrait-charge (Un). — Grassot.
Post diluvium... — Noé.
Pour autruy. — Teyssier.
P. P. — Orléans. — Pinson.
Presse d'imprimeur (Une). — Garde. — Laroche. — Molinié.
Pressoir (Un). — Madden.
Pro filiis. — Cordier-Souvestre.
Proue (Une) de navire. — Le Proux.
P. S. — Plessis.
P. V. — Cousin. — Tubert.
Quæro. — Capron.
Quæsitu experimento... — Pouchet.
Quand même. — Combier. — Nadar. — Sage.
Quenouille (Une). — Rossigneux.
Querite et invenietis. — Pelay.
Quic-engroigne... — Bonnamen.
Quid ad me... — Auboyer.
Quidquid latet... — Loth.
Quien vale mas? — Pochet.
Qui l'aborde rie. — Laborderie.
Quo jussa Jovis. — Sully.
R. — Rachel. — Rémusat. — Rigaud. —
Raisin. — Beaune. — Kœchlin.
Raparlier. — Cordier.
Rat (Un). — Grassot.
Recueil de Croulles. — Varin (Ad.).
Reims. — Arnould.
Remensia colui... — Givelet.
Res optimæ... — Fourgeaud-Lagreze.
Resurgam. — Pichot.
Retz-lès-Epoisses. — Soultrait.
Revellat. — Natier.
Robert et Lepage. — Pinson.
Roch(ebrune). — Clouzot.
Rocher (E.). — Léon-Dufour.
Rops. — Gouzien.
Roses (Des). — Louis XII.
Rosier (Un). — Colmar.
Roux. — Weisgerber.
R. R. — Chartres. — Lorraine.
Ruche (Une). — Maine.
Ruet. — Dauphinot. — Marteau.

Ruminat herbas. — Terrebasse.
Ruty. — Naud.
R. W. — Whitelaw-Reid. — Wiener.
S. — Sainte-Croix. — Siret.
Saint (Un). — Petit.
Saint-François-Xavier. — Jésuites.
Saint-Ignace. — Jésuites.
Saint-Martin. — Saint-Martin.
Saint-Michel. — Pellier.
St Q. — Colmar.
Sainte littérature. — Moye.
Satler. — Simon.
Scavant ne puis... — Quantin.
Scotin major. — Burckardt.
Si fortune me tourmente... — Des Robert.
Sigma grecs (Deux). — Sallo.
Singes (Deux). — Bayard. — Vigeant.
Soleil (Un). — Durier. — Lorraine. — Nantes.
Souvenir. — Arnould.
Sphère (Une). — Vivenel.
Sphinx (Un). — Bouret. — Devaulx. — Dudésert
Splendor ad uno... — Lorraine.
Squelette (Un). — Henri III.
S. S. — Sallo.
Sta (H. de). — Sta.
Ste. — Didelot.
Stern. — Badillé. — Bochet. — Deséglise. — Gal. — Gillet. — Herrenschmidt. — Piat. — Polliart.
Steyert. — Bary. — Morel.
Suivez la ! — Durier.
Sulpis. — Baillieu.
Suum cuique... — Lecoq.
S. V. — Saint-Victor.
Ta foy n'a... — Defay.
Talis nunc... — Lassalle.
Tandem florescet. — Colmar.
Tel est le triste sort. — Mohr.
Tête de bélier (Une). — Ternaux-Compans.
— *d'enfant.* — Guillon.
— *de guerrier.* — Psichari.
— *de Méduse.* — Delzant.
— *de Minerve.* — Destailleurs. — Piet.
— *de mort.* — Bonnamen. — Henri III. — Monnier. — Morel.
Têtes (Deux) de lion. — Pinson.
Thiriez. — Pincebourde.
Thorough. — Thoreux.
Tibi pax marce. — Baschet.
Toison d'or (Insigne). — Longepierre.
Tombeau égyptien. — Chabas.
Torcular calcavi... — Madden.
Tortue. — Pincebourde.
Toujours la pointe... — Beauvois.
Tout fors mon... — Formont.
Tout ou rien... — Rachel. — Stern.

Tout passe, le... — Poullier-Ketéle.
Tout pour eux... — Lamorte.
Travaille, prie... — Brun.
Tsch. — Dietsch.
Turc (Un) endormi. — Solar.
Tu te nommeras... — Christophe.
Unam time. — Brissart.
Unius veritatis... — Engerand.
Urin. — Saurin.
V. — Villiez.
Vache (Une). — Cousin.
Vaisseau (Un). — Nantes.
Valton. — Hénin. — Morin.
Varin (P.-A.). — Bayard. — Bourgeois.
 — Cordier. — Etevenon. — Greslé.
Varin (E.). — Deullin.
Vase enflammé (Un). — Poitiers.
Velle posse. — Froment-Meurice.
Veritas. — Champfleury.

Veritas omnia... — Morellet.
Vernon. — Baillieu.
Victor Hugo. — Chanu.
Vierge (La). — Beaune.
Villiers-sur-Orge. — Grimod.
Villiez. — Villiez.
Violon (Un). — Furlot.
Vir bonus jus... — Tabouriech.
Virtus in hæredes... — Nadaillac.
Vita sine litteris... — Lormier.
Vogel. — Zimmermann.
Voile (Une). — Vincent.
W. — Sully. — Winants.
Wagrez. — Droit.
Wiener. — Goll.
Wissaert. — Lassalle.
Y (Deux). — Yéméniz.
Ycrouc. — Courcy.
Zouave (Un). — S...

MACON, PROTAT FRÈRES, IMPRIMEURS.

www.ingramcontent.com/pod-product-compliance
Ingram Content Group UK Ltd.
Pitfield, Milton Keynes, MK11 3LW, UK
UKHW021629090726
13657UKWH00004B/1549